역사를 바꾼 대통령 박정희

역사를 바꾼
대통령 박정희

이근미 지음

기파랑

들어가는 말

   22년 동안 현장에서 취재기자로 뛰며 많은 사람을 만났습니다. 우리나라 발전과 관련된 얘기를 할 때면 누구나 거론하는 인물이 있었습니다. 바로 박정희 대통령입니다. 박정희 대통령을 빼놓고 우리나라 현대사와 경제 발전을 말할 수 없습니다.

   박정희 대통령은 좋아하는 사람들도 많지만, 싫어하는 사람들도 있습니다. 가난을 이기고 발전의 토대를 마련하여 눈부신 성취를 했지만, 가장 통치 기간이 길었던 탓도 있습니다. 좋아하는 사람들은 좋아하는 대로, 싫어하는 사람들은 싫어하는 대로 박정희 대통령을 결코 잊지 못합니다.

한국전쟁이 끝난 뒤 외국 기자들은 '이 나라는 가망이 없다. 차라리 쓰레기통에서 장미가 피어나는 걸 기다리는 게 낫다'는 절망적인 말을 했습니다. 우리에게 원조를 해 준 나라들은 '100년 내로 원조액을 돌려받지 못할 것'이라고 했습니다.

그런데 우리나라는 지금 무역규모로 세계 10위권에 당당히 진입하고 국민소득 2만 달러를 통과하여 선진국 문턱에 도달했습니다. 남의 도움을 받던 나라에서 남을 돕는 나라가 되었습니다.

이러한 성과를 올릴 수 있었던 것은 박 대통령 시절에 산업 기반을 단단히 다진 덕분입니다. 역대 대통령 업적에 관한 여론 조사를 하면 박정희 대통령이 언제나 일등입니다.

학생들이 읽을 박정희 전기를 써 달라는 의뢰를 받고 서점에 갔을 때 이상한 점을 발견했습니다. 어른을 위한 박정희 대통령 책은 수십 종에 달했습니다. 대통령 관련 서적 가운데 70%가 박정희 대통령에 관한 것이었습니다. 지금도 박정희 대통령 관련 서적이 꾸준히 출간되고 있습니다.

그런데 학생이 읽을 만한 박정희 대통령 책은 찾아보기 힘들었습니다. 박정희 대통령뿐만 아니라 다른 대통령에 관한 책도 별로 없었습니다.

우리나라 발전사를 공부하려면 대통령의 행적에 대해 알아야 합니다. 그 중에서도 18년 동안 우리나라를 통치한 박정희 대통령을 알면 한국 현대사를 이해하기가 쉬워집니다.

경제 발전과 산림녹화, 과학 발전, 방위산업, 문화재 보호에 높은 공을 세운 박정희 대통령은 독재정치, 인권 탄압 면에서 지탄을 받습니다. 책에서는 학생들이 배울 점을 더 많이 조명했지만 비판 받는 부분도 거론했습니다.

가난한 시골 아이가 대통령이 되기까지 어떤 노력을 했는지 이 책에 담았습니다. 학생들이 책을 읽으면서 마음에 큰 꿈을 품게 되길 바랍니다. 그래서 우리나라를 발전시킬 큰 인물이 되길 기대합니다.

이근미

차 례

- 들어가는 말 5

1 미래를 준비하다　　11
- 단단하고 야무진 아이 11
- 힘들게 다닌 대구사범학교 26
- 다정한 선생님 36

2 세계를 경험하다　　49
- 긴 칼 옆에 차고 49
- 꿈에 그리던 광복 56
- 사랑하는 사람을 만나다 73
- 가장 깨끗하고 능력 있는 사람 79
- 역사를 바꾼 5·16 혁명 86

③ 우리가 살 길은 오직 수출뿐! 99

- 계획을 세워 실천하다 99
- 달러 모으기 외교 108
- 경부고속도로 건설 117
- 갑작스런 10월 유신 124
- 아! 육영수 여사 131

④ 한강의 기적을 이룩하다 137

- 농업 국가에서 공업 국가로 137
- 철을 생산하다 142
- 배와 자동차를 만들다 150
- 우리 힘으로 만든 탱크 157
- 박정희 대통령 서거 168

⑤ 준비하고 행동했다 171

- 세계가 관심을 가진 새마을운동 171
- 민둥산을 울창한 숲으로 176
- 대통령보다 월급이 많은 과학자 181
- 원칙을 지켜 꿈을 이루었다 186

- 박정희 대통령 연보 194
- 참고 도서 196

1 미래를 준비하다

단단하고 야무진 아이

"이렇게 이쁜 너를 낳지 않으려고 했던 게 미안하구나. 정희야. 엄마를 용서해라."

정희 어머니 백남의는 방실방실 웃는 아기의 천진한 얼굴을 보며 환한 미소를 지었다. 이미 아들 넷과 딸 둘을 낳은 어머니는 아기가 생기자 걱정을 많이 했었다. 정희를 낳을 때 어머니의 나이가 마흔다섯이었기 때문이다. 정희가 태어났을 때 첫째 딸인 귀희도 아기를 낳아 친정에서 몸조리를 하고 있었다. 어머니 젖이 나오지 않으면 귀희가 정희에게 젖을 먹여 주었다. 귀희가 시집으로 돌아간 뒤에 어머니는 정희에게 밥물에 곶감을 넣고 끓인 멀건 죽을 먹이곤 했다.

정희는 경상북도 선산군 구미면 상모리에서 태어났다. 온통 논과 밭뿐인 데다 집도 띄엄띄엄 있는 산골이었다. 정희는 우리나라가 일본에 강제로 점령당한 지 7년째 되는 1917년 11월 14일에 태어났다. 2년 후 3월 1일에 사람들은 나라를 되찾기 위해 태극기를 흔들며 만세를 불렀다. 그로 인해 일본의 탄압은 더욱 심해지고 살림살이는 더 힘들어졌다.

정희의 집안 형편도 어렵긴 마찬가지였다. 어머니가 외할아버지 댁의 논과 밭을 조금 얻어 그 땅에다 농사를 짓는 형편이었으니, 대식구가 먹고 살기 빠듯했다.

정희의 아버지 박성빈은 집안일에 별로 신경쓰지 않았다. 여러 번 좌절을 겪어 친구들과 술로 소일하는 처지였다. 아버지는 일본에 나라를 빼앗기기 전인 대한제국 때 무과에 급제하여 '부위'라는 벼슬에 올랐다. 하지만 돈이나 배경이 없으면 높은 자리에 올라가기 힘들다는 걸 알고 그만두었다.

그러다가 농민들이 썩은 벼슬아치들을 몰아내고 나라를 바로잡기 위해 일으킨 동학농민운동에 가담했다. 처음에는 동학군이 관군에게 이길 정도로 기세가 좋았다. 하지만 조정에서 청나라 군사와 일본 군사를 끌어들여 반격하면서 쫓기게 되었다. 정희의 아버지는 체포되어 처형 직전에 가까스로 풀려났다.

상모리 사람들은 정희의 아버지를 박 선달이라고 불렀다. 과거에 급제하고 벼슬을 얻지 못한 사람을 그렇게 불렀다.

집안 형편은 나날이 어려워졌다. 그런 가운데서도 어머니는 셋째형 상희를 구미보통학교(지금의 초등학교)에 입학시켰다. 당시 상모리에서 보통학교를 다니는 아이는 상희 하나뿐이었다. 막내 정희도 아홉 살 때 20리 떨어진 구미보통학교에 입학했다.

집에서 학교가 있는 구미읍까지 가려면 두세 시간은 족히 걸어야 했다. 어머니는 새벽에 밥을 지어 도시락을 싼 뒤 정희를 깨웠다. 겨울에는 세숫대야에 더운 물을 받아 방 안까지 들고 왔다.

"아이구, 우리 귀여운 강아지. 학교 가야지."

정희는 입맛이 없어 밥을 많이 먹지 못했다. 어두컴컴할 때 집을 나서 밭두렁 길을 뛰어가다가 뒤를 돌아보면 소나무 사이에서 어머니가 애처롭게 바라보고 있었다. 어머니의 사랑이 고스란히 전해져 정희의 가슴이 따스해졌다.

비가 오면 우산이 없어 큰 삿갓을 쓰고 다녔다. 겨울에는 솜바지 저고리에 솜버선을 신고 두루마기를 입었다. 목도리로 귀까지 칭칭 감고 눈만 내놓고 가다가 빙판에 미끄러질 때가 많았다. 눈보라 치는 어느 날 아침, 솔밭을 지나가는데 늑대 두 마리가 으르렁거리며 장난을 치고 있었다. 너무 놀란 정희는 친구들과 정신없이 달렸다. 그 다음부터는 솔밭길이 가까워지면 무조건 달렸다.

매우 추운 날은 도시락이 꽁꽁 얼어 먹기 힘들었다. 억지로 먹다 보면 체하기 일쑤였다. 동네 할아버지한테 가서 침을 맞으면 그제야 체증이 내려갔다. 침을 너무 많이 맞아서 왼쪽 엄지손가락에 빨간 반점까지 생길 정도였다.

학교에서 돌아올 때도 어머니는 늘 동네 어귀까지 나와 정희를 기다렸다.

"춥지 않았니? 공부는 재미있었니?"

어머니는 정희에게 목도리를 둘러 주면서 다정하게 물었다.

집에 돌아오면 방 아랫목 이불 밑에 넣어 둔 따뜻한 밥그릇을 꺼내 상을 차려주었다. 밥을 다 먹으면 정희는 어머니가 사랑채에 꾸며 준 공부방으로 갔다. '나만의 공간'을 가진 정희는 그 방에서 생각을 많이 했다. 친구들이 정희의 사랑방에 자주 놀러왔다.

친구들과 공부하고 있으면 상희 형이 등을 토닥이며 격려해 주곤 했다.

"친구들끼리 사이좋게 지내라. 열심히 공부해야 나중에 큰일 한다."

상희 형은 훤칠한 키에 잘생긴 데다 매력이 있어 사람들이 좋아했다. 정희는 그런 상희 형이 자랑스러웠다.

정희는 빈틈이 없고 당돌한 성격이었다. 어릴 때부터 남에게 지는 걸 싫어해 별명이 악바리, 대추방망이였다. 여름이면 친구들과 하천에서 물장구도 치고, 모래밭에서 씨름도 했다. 친구들과 씨름을 하다가 지면 다시 하자고 했다. 팔씨름도 이길 때까지 계속했다. 3학년이 된 첫날 선생님이 정희를 일어나게 했다.

"2학년 때까지는 선생님이 반장을 뽑았지만 3학년부터는 최우등생이 급장이 된다. 정희가 오늘부터 급장이다. 앞으로 급장 말을 잘 따라야 한다. 알겠나?"

선생님 말씀에 친구들이 "예!" 하고 크게 대답했다.

정희네 반은 모두 38명이었는데 정희보다 여섯 살이나 많은 아이도 있었다. 늦은 나이에 입학한 아이들도 있었고, 벌써 장가를 간 친구도 있었다.

정희는 자습 시간에 친구들이 조용히 공부할 수 있도록 잘 지도했다. 체육 시간에는 친구들을 줄 맞춰 세웠다. 그런데 선생님 말씀을 안 듣고 친구들과도 어울리지 않는 아이가 있었다.

'어떻게 해야 저 애가 학급 일에 협조를 할까?'

정희는 고민하다가 쉬는 시간에 그 아이에게 수학을 가르쳐 주었다. 다음부터 그 친구가 정희 말이라면 무엇이든 다 들었다.

정희네 반에 준상이라는 아이가 있었다. 달리기를 하다가 넘어져서 다친 무릎을 제대로 치료하지 않아 장애인이 된 친구였다. 아이들은 준상이를 놀리고 무시했다. 하지만 정희가 준상이와 친하게 지내자 다른 친구들이 준상이를 함부로 대하지 못했다. 준상이의 집은 학교 바로 옆에 있었다. 정희가 도시락을 싸 오지 않으면 준상이는 정희를 자기 집에 데리고 갔다. 자신에게 잘해 주는 정희에게 따뜻한 밥을 차려 주기 위해서였다.

나중에 정희가 대통령이 되어 고향에 갔을 때 가장 먼저 준상이를 찾았다. 정희는 허름한 옷을 입은 준상이를 만나자마자 꼭 끌어안았다. 그 뒤로 동네 사람들은 가난한 장애인 준상이를 업신여기지 않았다. 준상이는 나중에 다친 다리를 또 다쳐서 골반까지 들어내는 큰 수술을 했다. 그때 박 대통령이 치료비를 다 대 주었다.

　정희와 친구들이 체육 시간에 철봉에 매달리는 연습을 하고 있을 때였다. 학교에 들른 친구 아버지가 그 모습을 보고 깜짝 놀라 소리를 질렀다.
　"아니, 저러다가 떨어져서 애 다리가 부러지면 책임지실 겁니까?"
　"조심해서 잘 하고 있습니다. 철봉에서 팔심을 길러야 합니다."
　선생님이 그렇게 말했지만 친구 아버지는 아이를 그냥 데리고 가 버렸다. 정희는 어떻게 되었는지 궁금해서 학교 마치고 친구 집에 가 보았다.
　"아버지가 학교 대신 서당에 다니래."
　다른 친구도 똑같이 말했다.
　"그럼 나 혼자 어떡해."
　정희가 울상을 지었지만 친구들도 어쩔 수 없었다. 두 시간도 넘게 걸리는 길을 혼자 다니려니 한숨이 나왔다. 그래도 정희는 공부를 해야 한다는 생각에 각오를 단단히 했다.

혼자서도 씩씩하게 학교에 잘 다녔지만 월사금을 낼 때가 되면 정희는 풀이 죽었다. 어려운 형편이라 월사금 60전을 마련하기 힘들었다. 어머니는 한 푼 두 푼 아껴서 정희의 월사금을 모았다. 때로는 먹을 양식을 팔아서 월사금을 마련했다. 월사금도 모자라니 학용품 살 돈이 있을 리 없었다.

어머니는 달걀을 주면서 학용품으로 바꾸라고 했다. 정희는 떨어진 양말짝에다 달걀 몇 개를 소중히 들고 갔다. 학교 앞 문방구의 일본인 주인은 달걀을 이리저리 흔들어 보고 상하지 않았으면 연필이나 공책으로 바꿔 주었다. 가끔은 들고 간 달걀이 깨져 울상이 되곤 했다.

정희는 어머니가 힘들여 농사짓는 것이 늘 마음 아팠다. 정희는 아버지에게 자그마한 지게를 만들어 달라고 했다. 휴일이면 지게를 지고 뒷산에 올라가서 낙엽을 긁어다가 뒤란에 차곡차곡 쌓아 두었다. 장날이 되면 어머니한테 그동안 모은 낙엽을 팔아 달라고 했다. 그렇게 해서 번 돈으로 공책과 연필을 샀다.

상희 형은 대구 신명학교를 나온 예쁜 여성과 결혼했다. 형수의 친정은 한복집과 고무신 가게를 운영하는 부자였다. 정희는 방학 때면 형수의 친정집이 있는 김천에 놀러갔다. 상희 형은 정희에게 김천 시내를 구경시켜 주고 아이스크림도 사 주었다. 고깔같이 생긴 용기에 담긴 아이스크림을 나무 스푼으로 떠서 입 안에 넣자 사르르 녹았다. 걸음이 빠른 상희 형을 따라가며 정신없이 먹다가 그만 고깔처럼 생긴 용기를 깨고 말았다. 깜짝 놀란

정희는 울상을 지었다.

"형님, 아이스크림 그릇이 깨졌어요. 물어 줘야겠어요."

그러자 형이 껄껄 웃었다.

"정희야, 그 고깔도 먹는 거야. 아이스크림을 담는 과자야. 아이스크림 다 먹고 그 고깔도 먹어. 걱정 마."

정희는 그제야 남은 아이스크림을 맛있게 먹었다. 저녁에 상희 형과 형수가 촌놈이라고 놀리자 정희의 얼굴이 빨개졌다. 정희는 멋진 상희 형과 예쁜 형수와 함께 있는 시간이 좋았다.

정희는 열한 살 많은 상희 형을 무척 존경하고 좋아했다. 상희 형이 하는 것은 뭐든지 멋있게 보였다. 상희 형은 보통학교를 졸업한 뒤 신문지국을 차리고 기자로도 활동했다.

정희는 6학년 때 상희 형이 준 《성웅 이순신》 전기를 밤새워 읽었다. 그 책을 읽고 일본이 예전에도 우리나라를 빼앗으려 했다는 걸 알게 되었다. 이순신 장군이 용맹스럽게 싸우는 장면을 읽으면서 감동했다. 정희는 상희 형에게 궁금한 것을 물어봤다.

"왜 대신들은 나라를 지키지 못했나요?"

"나라 걱정보다는 세력 다툼하고 자기 재산 불리는 데 정신을 쏟아서 그렇단다. 나라가 잘 되려면 진정으로 나라를 사랑하는 이순신 장군 같은 분이 많아야 한다."

정희는 상희 형의 말을 들으며 고개를 끄덕였다. 이순신 장군이 적군의 화살에 쓰러지면서까지 지킨 나라를 다시 빼앗긴 것이 너무도 분했다. 그럴 때마다 이순신 장군이 거북선으로 일본 배를 무찌르는 장면을 떠올리며 힘냈다.

상희 형은 일본에 저항하는 단체인 신간회에 가입했다. 정희는 형이 나라를 구하기 위해 위험한 활동을 하는 것이 자랑스러웠다.

정희는《나폴레옹 전기》를 읽고 나폴레옹에도 푹 빠졌다. 지중해 코르시카 섬에서 태어나 프랑스 황제가 되는 이야기가 너무도 흥미로웠다. 나폴레옹이 눈보라 치는 알프스 산맥을 백마 타고 넘는 모습을 상상하면 가슴이 벅차올랐다. 정희는 백만 대군을 호령하는 나폴레옹 꿈을 꾸기도 했다.

구미에서 멀지 않은 대구에 일본군 부대가 있었다. 일본군들은 상모리 부근까지 와서 전투 훈련을 했다. 정희는 학교 갔다 오는 길에 일본군들이 훈련하는 광경을 종종 구경했다. 정희는 그 모습을 보면서 이순신 장군과 나폴레옹을 떠올렸다. 정희는 말을 타고 군인들을 호령하는 대장이 멋있어 보였다. 어느 날 일본 군인과 일본 순사가 다투었는데 그 무섭다는 순사가 군인에게 굽신거렸다. 그 장면을 본 정희는 '나는 꼭 군인이 될 거야'라고 결심했다.

친구들과 전쟁놀이를 할 때 정희는 키가 제일 작으면서도 맨 앞에서 아이들을 몰고 다니며 나무칼을 흔들었다. 혼자서 목검놀이를 할 때도 있었다. 그런 정희를 볼 때면 친구들은 "쟤는 크면 군인이 될 거 같아."라고 말했다. 정희도 긴 칼을 차고 달리는 대장이 되고 싶었다.

정희는 집 가까이에 있는 상모교회에 다녔다. 일요일마다 성경책과 찬송가를 들고 한복 차림으로 교회에 갔다. 제일 먼저 배운 것은 기도하는 법이었다. 여름방학 때면 교회에서 '하계학교'를 열었다. 거기에서 동요, 동화, 율동, 성경을 배웠다.

선산군에서 연합 경연 대회가 종종 열렸다. 조선 사람들이 많이 모일 때면 일본 경찰이 와서 감시를 했다. 정희는 친구들과 함께 노래와 구연 동화에 참여해 1등을 했다. 크리스마스 때는 집집마다 돌아다니면서 찬송가를 부르고, 과자와 빵을 먹으며 즐겁게 보냈다. 일요일에 교회에 다녀오면 서당으로 달려가 한문도 배웠다.

6·25 전쟁 때 상모교회가 많이 부서졌다. 1966년에 생가와 선산을 둘러보던 박 대통령은 낡은 교회를 고치는 데 쓰라고 돈을 전달했다.

구미보통학교 6학년 때 정희의 성적은 13개 과목 가운데 11과목이 10점 만점에 10점이었다. 체조와 가사실습만 9점을 받았다. 정희는 특히 일본어와 조선어, 역사와 지리를 잘했다. 하지만 너무 가난해 상급학교에 진학하기 힘든 형편이었다. 그래도 희망을 잃지 않고 매일 밤늦게까지 학교에 남아 공부했다.

구미보통학교에서 7명이 대구사범학교에 지원했다. 정희도 원서를 내려는데 어머니가 말리고 나섰다. 형편이 어려워 제대로 다니지 못할 것 같아서였다. 그러자 교장 선생님과 담임 선생님이 정희네 집으로 찾아왔다.

"정희 어머니, 똑똑한 정희가 공부를 그만두는 게 너무 아깝습니다. 일단 시험이라도 치게 해 주십시오."

정희도 간절한 표정으로 어머니를 바라봤다. 어머니는 막내

가슴에 평생 한이 남을 것 같아 고개를 끄덕였다.

졸업하자마자 교사로 일할 수 있는 사범학교는 경쟁률이 매우 높았다. 그때까지 구미보통학교에서 대구사범학교에 합격한 학생이 한 명도 없었다. 선생님들은 이번에 꼭 합격생을 내야 한다며 학생들에게 과외 지도를 해 주었다.

대구사범학교의 필기 시험 과목은 일본어, 산술, 국사, 지리, 이과, 조선어였다. 지원자 885명 가운데 100명을 뽑는데 정희는 51등으로 합격했다. 합격생 중에서 10명은 일본 학생이었다. 정희가 합격을 하자 형과 누나들이 도와주겠다고 나섰다. 어머니도 어렵지만 정희를 학교에 보내기로 결심했다.

힘들게 다닌 대구사범학교

1932년 4월 8일, 열다섯 살의 정희는 대구사범학교에 입학했다. 사범학교는 아침 6시에 일어나 밤 10시까지 공부했다. 학생들은 너무 힘들어서 학교 공부를 '사반교육'이라고 불렀다. 사반死半이란 '반쯤 죽이는'이라는 뜻이다. 대구사범학교는 실기, 실습, 실험 위주의 교육을 했다. 교사가 되어 학생들을 가르치려면 직접 할 줄 알아야 하기 때문이다. 대패질도 배우고 농장에서 농사도 직접 지었다. 바이올린과 나팔, 권투와 축구, 붓글씨와 그림과 기계체조도 배웠다. 정희는 바쁜 가운데서도 직접 노래를 만들어 부르고 틈만 나면 책을 읽었다.

대구사범학교 학생들은 모두 기숙사에서 생활했는데, 한방에서 10여 명이 함께 지냈다. 학생들은 다다미방 가운데 앉은뱅이 책상을 붙여 놓고 자습을 했다. 방 입구에 숯을 넣어 지핀 화로가 있었고 벽을 따라 설치된 벽장에 각자의 짐을 보관했다. 조선 학생들끼리 생활해서 좋았지만 빈대 때문에 불편했다. 빈대가 물어 잠을 못 잔 기숙사생들이 한밤중에 빈대를 잡느라 법석을 떨 때도 종종 있었다.

1학년이 기숙사에 들어오면 선배들은 민족 의식을 가르쳤다.
"너희들은 조선인이다. 일본이 지금은 우리를 지배하고 있지만 우리는 반드시 독립한다. 일본인처럼 게다를 끌고 다니지 말아라. 선배들에게 깍듯하게 대해라. 후배들에게 말을 놓지 말고 존댓말을 해라."

정희는 학창 시절에 그런 훈련을 받아 후일 대통령이 된 뒤에도 청와대의 일꾼들에게 존댓말을 썼다.

일본 교사들은 기숙사의 조선 학생들을 늘 감시했다. 사회주의 서적은 물론이고 〈삼천리〉 잡지와 《이순신 장군 전기》도 읽지 못하게 했다. 그럴수록 학생들은 책을 숨겨서 더 열심히 읽었다. 일본 작가의 작품은 일부러 멀리하고 대신 세계 문학 전집과 〈조선일보〉, 〈동아일보〉, 〈개벽〉 잡지 같은 걸 읽었다. 학생들은 일본의 감시가 심할수록 나라 잃은 설움을 떠올렸다.

어렵게 입학했지만 매년 신입생의 30% 정도가 퇴학을 당했다. 황국신민 교육에 환멸을 느껴 일본에 반항했기 때문이다. 황국신민 교육이란 조선인을 일본인으로 만들려는 계략이었다. 학생들은 학교에서 아무리 일본인을 만들려고 해도 조선인의 기개를 잃지 않았다. 기숙사에서 선배들에게 훈련을 받았기 때문이다. 조선인끼리 5년 간 함께 살면서 공덕심과 희생 정신, 봉사 정신을 길렀다.

식민지 치하에서 꿈을 키우기에는 모든 것이 암담했다. 힘든 가운데서도 대구사범학교, 경성사범학교, 평양사범학교 학생들은 열심히 공부하여 나중에 우리나라를 일으키는 일꾼이 되었다.

가정 형편이 어려워서 학교를 그만두는 학생들도 있었다. 정희도 어려움을 많이 겪었다. 한창 자랄 나이여서 저녁밥을 먹어도 밤에 배가 고팠다. 밤이면 자주 간식을 사 먹었다. 10전씩 내면 한 사람이 기숙사 밖에 나가 과자를 사 왔다. 기숙사비를 제때 못 낼 형편이었던 정희는 간식 먹는 시간이 되면 슬그머니 밖으로 나갔다가 친구들이 간식을 다 먹었을 때쯤 다시 돌아왔다.

정희는 기숙사비를 내지 못해 장기간 결석할 때가 많았다. 돈을 마련할 때까지 고향에 가 있었다. 정희는 이불 보퉁이와 빨랫감을 어머니한테 맡겨 놓고 상희 형 집에 가서 지냈다. 정희가 오면 상희 형은 무희 형의 아들인 조카 재석이한테 메모지를 건네 주었다.

'조카를 보내니 제 동생 정희의 학비 후원을 부탁드립니다.'

재석이는 이 메모를 들고 구미면 면장, 곡물검사소 소장 같은 구미면의 유지들을 찾아갔다. 유지들은 메모를 보고 봉투에 1원이나 5원을 넣어 주었다. 상희 형은 재석이가 받아 온 봉투를 확인도 하지 않고 정희에게 주었다.

정희는 구미에 오면 뒷산에 가서 나팔을 불었다. 상모리 친구들은 나팔 소리가 들리면 정희가 온 것을 알고 뛰어왔다. 정희는 나팔을 불면서 학교에서 억눌리고 답답했던 마음을 달래곤 했다.

결석을 자주 하니 자연히 성적이 떨어졌다. 5학년 때 정희는 70명 중에서 69등을 했다. 그래도 유급이 되지 않은 것은 시험을 빠지지 않고 본 데다 평균 점수가 61점이었기 때문이다. 역사와 지리, 조선어 성적은 괜찮은 편이었다. 하지만 일본이 황국신민으로 만들려고 개설한 과목의 성적은 좋지 않았다.

나라 잃은 설움을 간직한 대구사범학교 학생들의 마음을 잡아 준 사람은 김영기 선생이었다. 조선어를 가르치는 김영기 선생은 수업 시간에 시조를 프린트해서 나눠 주었다.

"문학의 혼이 사라지지 않으면 민족혼도 사라지지 않는다. 시조를 통해 겨레의 영혼을 이어가자."

선생님의 깊은 뜻을 안 학생들은 틈만 나면 시조를 외웠다. 조선인 교사들은 수업 시간에 일본인 몰래 우리나라 역사를 이야기해 주었다. 정희는 역사에 관심이 많아 열심히 들었다. 어느 날 김영기 선생이 임진왜란과 이율곡의 '10만 양병론'을 설명해 주었다.

"조선 선조 때 이율곡이 10만 명을 준비하여 왜군을 물리치자고 건의했지만 미리 대비하지 못해 임진왜란이 일어났다. 지금도 마찬가지다. 우리가 잘 대비하지 못해 일본에 나라를 빼앗겼다."

선생님이 흐느끼자 학생들도 나라 잃은 설움에 북받쳐 어깨를 들썩이며 소리 죽여 울었다.

3학년 때 금강산으로 수학여행을 갔다. 정희의 동기생 이정찬은 꼼꼼하고 빈틈없는 성격이었다. 이정찬은 기념 책자를 만들어 금강산 여행 중에 들른 상점과 공원 관리 사무소에서 기념 도장을 받고 친구들의 여행 소감도 실었다. 정희는 정찬의 기념 책자에 "다 같은 삼천리 강산에 사는 우리들은 이같이 헐벗었으니 과연 너에게 머리를 들 수 없다. 금강산아, 우리도 분투하여 너와 함께 천하에 찬란하게……."라고 썼다. 금강산의 아름다움에 대해 썼던 친구들은 정희가 쓴 글을 보고 '우리와 다른 친구'라고 말했다.

4학년 때는 만주로 수학여행을 갔다. 정희는 끝없이 펼쳐진 대평원을 보고 충격에 빠졌다. 섬나라 일본은 드넓은 만주까지 세력을 뻗치고 있었다. 일본은 당시 조선과 만주족, 한족, 몽골족까지 점령했다.

수학여행지에서도 선배들은 후배들에게 훈계를 했다.

"우리는 지금 일본계, 만주계와 보이지 않는 민족 투쟁을 전개하고 있다. 학교 생활에 있어서 어떤 경우라도 그들에게 지면 안 된다, 알겠나!"

"네!"

후배들은 크게 대답하며 각오를 다졌다.

5학년 때는 일본으로 수학여행을 갔다. 부산항에서 연락선을 타고 시모노세키 항에 도착했다. 17일 동안 히로시마, 오사카, 나라, 도쿄, 가마쿠라, 닛코 등지를 돌아보았다. 정희는 일본의 울창한 숲을 유심히 살펴봤다. 조선의 헐벗은 산을 생각하니 마음이 아팠다. 나무가 우거진 산이 얼마나 아름다운지 정희는 마음 속 깊이 깨달았다.

5학년 여름방학 때인 8월 10일 베를린 올림픽에서 손기정 선수가 금메달을, 남승룡 선수가 동메달을 땄다. 식민지 생활에 억눌려 있던 조선 사람들의 가슴이 뻥 뚫린 날이었다. 전국 방방곡곡에 박수가 물결을 이루었다. 정희도 친구들과 오랜만에 신나게 만세를 불렀다.

5학년 때 집에 온 정희에게 아버지가 느닷없이 결혼 얘기를 꺼냈다.

"막내야. 내가 좋은 색시를 봐 놨으니 만나 보아라."

"무슨 말씀이세요. 학교 다니는 동안 결혼하면 안 된다는 게 사범학교 규칙이에요."

정희는 펄쩍 뛰면서 반대했다. 하지만 병석에 누운 아버지는 양보할 기미를 보이지 않았다.

"내 소원이다. 너를 결혼시켜야 내가 편히 눈을 감을 것 같다."

형들도 정희가 졸업하고 나면 결혼시키자고 했지만 아버지는 고집을 꺾지 않았다. 정희는 집에 있으면 강제 결혼을 할 것 같아 급히 학교로 돌아갔다. 아버지의 독촉에 못 이긴 형이 학교까지 와서 정희를 달랬다. 어쩔 수 없이 다시 집으로 오긴 했지만 정희는 결혼식 날 달아날 궁리를 했다.

하지만 뜻대로 되지 않아 세 살 아래인 열여섯 살 처녀 김호남과 결혼식을 올렸다. 아내와 도무지 정이 들지 않았다. 원하지 않은 결혼을 한 정희는 나중에 딸을 하나 두었지만 결국 아내와 헤어지고 말았다. 정희뿐만 아니라 부모의 성화에 못 이겨 결혼을 한 친구들이 있었다. 다들 알아도 학교에 그 사실을 비밀로 했다.

일본 교사들은 조선 학생들의 특성을 인정하지 않았다. 무조건 일본식 교육을 시키는 데 열중했다. 우리 민족의 큰 명절인 추석에도 수업을 하고 오후에는 기숙사 대청소까지 시켰다. 학생들은 조선의 명절을 인정하지 않는 일본 교사들에게 불만이 많았다.

드물게 조선 학생들을 따뜻하게 대하는 일본 교사도 있었다. 일본 육군사관학교를 나온 교련 담당 아리카와 대좌(대령)는 교런 시간에 민첩하고 절도 있는 정희를 눈여겨보았다. 교련 시범을 보여야 할 때는 정희를 앞으로 불러 냈다. 아리카와 대좌는 정희를 따로 불러 앞날에 대해 얘기하곤 했다.

"너는 선생보다는 군인이 어울린다. 조선인은 일본 육군사관학교에 들어갈 수 없다. 만주에 군관학교가 생길 거다. 거기는 조선인도 들어갈 수 있다. 네가 가고 싶다면 내가 힘써 주겠다."

정희는 이순신 장군과 같은 군인이 될 수 있다는 말을 듣고 가슴이 뛰었다. 군인이 되면 잘할 수 있을 것 같았다. 정희는 의문이 생길 때면 아리카와 대좌를 만나 질문을 했다.

"군대에서도 조선 사람을 차별합니까?"

"군대는 실력과 계급으로 말한다. 조선 사람도 실력을 키워 장교가 되면 일본 사병을 부하로 부릴 수 있다."

정희는 아리카와 대좌의 말에 더욱 마음을 다졌다. 다만 사범학교를 나오면 2년간 보통학교 교사로 재직해야 했다. 그 후에 꼭 꿈을 이루겠다고 결심했다.

1937년 3월 20일, 대구사범학교 4기생들이 5학년 과정을 마치고 졸업했다. 정희는 대구사범학교에 다니면서 다양한 경험을 했다. 기숙사비가 없어서 고생했던 일, 공부할 여건이 되지 않아 꼴찌한 일 등을 통해 많은 것을 깨달았다. 학교를 그만둘 위기가 많았지만 '실력을 기른 다음 행동하자'는 생각으로 이겨냈다.

다정한 선생님

대구사범학교를 졸업한 정희는 경북 문경에 있는 문경보통학교 교사로 부임했다. 박정희 선생은 하숙집에 도착해 가장 먼저 나폴레옹 사진을 걸었다. 구경 온 아이들에게 웃으며 나폴레옹 이야기를 해주었다. 사범학교 다닐 때 말이 없었던 박 선생은 아이들을 친절하게 대했다.

하지만 수업 시간에는 엄했다. 숙제를 해 오지 않은 학생들에게는 따끔한 벌을 주었다. 매주 월요일마다 공책 검사를 하고 일기 쓰기와 편지 쓰기를 시켰다.

박 선생은 언제나 학생들과 함께 청소를 했다. 키가 작은 아이들 대신 천장의 거미줄을 걷어 내거나 높은 쪽의 유리창을 닦았다. 청소를 너무도 철저히 하여 박 선생의 교실은 언제나 반짝반짝했다. 방과 후에 박 선생은 아이들과 함께 운동장에서 철봉과

체조를 하고 달리기도 했다.

 박 선생은 주말이면 학교 앞산으로 올라가서 학생들과 전쟁놀이를 했다. 목검으로 검도도 가르쳐 주고 나무 총 만드는 법도 알려 주었다. 실을 잡아당기면 화약이 터져서 실제 총 같은 분위기가 났다. 박 선생은 숙직하는 날이면 놀러온 아이들에게 어렵게 구한 귀한 과자를 나눠 주었다.

 박 선생은 교장 선생님을 설득하여 나팔 네 개를 구입했다. 매

일 아이들을 맹훈련시켰다. 한 달 후 조회 시간에 네 명의 어린이 나팔수가 등장했다. 조회가 끝나면 신나는 나팔 소리에 맞추어 모두들 교실로 돌아갔다. 운동회나 소풍 때 나팔수들이 행진곡을 불어 분위기를 띄웠다. 박 선생과 나팔수 어린이들이 동네마다 돌아다니면서 출장 공연도 했다. 일본의 압제에 답답했던 마을 사람들은 나팔 소리에 속이 시원해졌다. 박 선생은 새벽 네다섯 시만 되면 학교 운동장에서 나팔을 불었다. 마을 사람들은 그 소리를 시계 삼아 일어나 소 여물을 끓이기도 했다.

박 선생은 아이들의 눈높이에 맞는 교육을 했다. 어느 겨울날 눈이 펑펑 내리는 체육 시간이었다. 모두들 덜덜 떨고 있을 때 박 선생이 소리쳤다.

"손바닥에 눈을 모아 오는 사람은 집에 먼저 보내 준다."

그 말이 끝나자마자 모두들 운동장에 달려 나가 눈송이를 잡으려고 뛰어다녔다. 맨손으로 눈을 잡아 선생님한테 달려가 손을 벌리면 어느새 물이 되어 있었다. 그러면 또 뛰어다니다가 어느새 추위를 잊어 버렸다.

부임 첫 해 봄 소풍 때 점심을 먹고 모두들 즐겁게 놀고 있는

데 갑자기 고함 소리가 들렸다.

"사람 살려, 나 살려!"

정극모라는 아이가 잘못해서 물에 빠진 것이다. 모두들 발을 동동 구르고 있는데 박정희 선생이 앞뒤 가리지 않고 바로 물에 뛰어들었다. 아이들은 "우리 선생님 죽는다!"며 고함을 질렀다. 박 선생이 축 늘어진 아이를 건져 인공호흡을 시켜 위험한 순간을 넘겼다.

이듬해 봄 소풍 때 5, 6학년은 학교에서 70리나 떨어진 김용사라는 곳에 가서 하룻밤을 잤다. 돌아오는 길에 소나기가 쏟아져 고갯길이 미끄러웠다. 아이들이 넘어지면서 옷을 다 버렸다. 비가 계속 오는데 멀리서 트럭 한 대가 달려왔다. 아이들은 트럭을 타고 돌아가면 좋겠다는 생각을 했다.

잠시 후 트럭이 학생들 앞에 끽 하고 섰다.

"애들아, 다들 차에 타라."

트럭에서 박 선생이 환하게 웃으며 내렸다. 박 선생이 아이들을 편하게 하려고 트럭 운전기사에게 부탁한 것이다. 아이들은 모두 함성을 질렀다.

"자, 다 같이 노래 부르자."

트럭에 탄 학생들은 박 선생의 나팔 연주에 맞춰 노래를 부르며 우중충한 기분을 날려 버렸다.

박 선생은 학생들에게 우리나라 상황을 정확히 알려 주었다.

"미국 사람들은 자동차를 한 집에 한 대씩 갖고 있고, 일본 사람들은 자전거를 한 대씩 갖고 있다. 하지만 조선 사람은 지게도 하나씩 가질 수 없는 형편이다. 우리가 어떻게 하면 잘살 수 있을까. 그것에 대해 궁리해 봐라."

그러면 학생들은 골똘히 생각에 잠겼다. 박 선생은 학생들에게 틈만 나면 민족 교육을 시켰다. 학생들에게 중국 상하이라는 곳에 우리나라 임시정부*가 있다는 사실도 알려 주었다. 학생 한 명을 망보게 한 뒤 우리나라 역사를 들려주기도 했다. 박 선생은 일본 사람들에게 얕보이면 안 된다며 학생들에게 끊임없이 투지를 불어넣었다. 이순신 장군 이야기도 수시로 해 주었다.

박 선생은 아이들에게 우리말을 열성적으로 가르치고 "우리끼리는 조선말을 쓰자."고 했다.

"선생님, 조선말 하면 퇴학당하는데 왜 그러세요?"

---

*대한민국 임시정부 1919년 4월 중국 상하이에서 이승만, 김구 등을 중심으로 대한민국의 독립을 위해 임시로 조직된 정부.

철모르는 아이들이 그렇게 물으면 마음이 아팠다. 박 선생은 음악 시간에 「황성 옛터」와 「심청이의 노래」를 가르쳐 주었다. 태극기를 그려서 학생들에게 설명해 주기도 했다. 그 사실을 알게 된 교장이 박 선생을 불러 야단쳤다.

"수업 시간에 조선의 깃발을 그렸다는데 자꾸 이러면 가만히 있지 않겠소!"

박 선생은 묵묵히 듣고만 있었다. 나라를 잃어 제자들을 제대로 가르칠 수 없는 게 한이 되었다.

어느 날 일본 선생이 박 선생에게 조선 사람 흉을 보았다.

"조선 여자들은 예의가 없어. 젖가슴을 다 드러내 놓고 물동이를 이고 다닌단 말이야."

물동이를 머리에 이려고 팔을 뻗다 보면 저고리 사이로 젖가슴이 보일 때도 있었다. 옛날에 시골에서는 그런 게 흉이 아니었다. 박 선생은 화가 났지만 잠자코 있었다. 박 선생은 아이들에게 매사에 조심하여 손가락질 당하지 않도록 하라고 가르쳤다.

일본 교사들은 박 선생을 어려워하였다. 배짱이 두둑한 데다 단정하고 빈틈없었기 때문이다. 박 선생은 일본 교사가 잘못하면 반드시 지적하여 바로잡았다.

작업 시간이 되면 여학생들은 재봉을 배우고 실습장에서 누에를 쳤다. 남학생들은 모심기나 산지 개간을 했다. 박 선생이 조선어 수업을 하려고 교실에 들어서는데 가토 선생이 학생들에게 작업장으로 가라고 지시했다. 박 선생이 이 모습을 보고 화를 냈다.

"조선어 시간에 왜 학생들한테 일을 시키려는 겁니까?"

박 선생이 언성을 높여 항의하자 가토 선생은 아무 말도 못 했다.

일본 천황의 생일 기념식 때, 가토 선생이 학생들에게 이런 연설을 했다.

"오늘 땅에 떨어진 일장기를 학생들이 밟고 지나가는 것을 보았다. 그걸 보는 순간 눈물이 났다."

행사가 끝난 뒤 박 선생이 가토 선생에게 따졌다.

"가토 선생, 참말로 눈물이 났소?"

가토 선생은 "꼭 그렇다기보다 아이들을 가르치려다 보니……."라고 얼버무렸다.

"선생이 거짓말을 하면 아이들이 선생을 어떻게 믿겠소?"

그 말에 민망해진 가토 선생의 얼굴이 벌겋게 물들었다.

어느 날 한 일본 남자가 담배를 물고 교무실에 들어서면서 "어이, 교장 있어?"하고 물었다. 그러자 박 선생이 "교양 있는 국민이 되려면 담배를 물고 교무실에 들어오는 것부터 고치시오."라고 호통 쳤다.

박 선생은 운동회 때 100m 달리기에서 일본인 교사에게 지고 말았다. 그것이 너무나 분했다. 박 선생은 밤낮없이 달리기 연습을 해 다음 운동회 때 그 일본인 교사와 다시 대결을 벌였다. 학생들과 학부형들이 응원하는 가운데 출발 신호가 울렸고, 온 힘을 다해 달린 박 선생이 승리했다. 그 장면을 본 학생들과 학부형들은 가슴 속이 후련해졌다.

박 선생은 가정방문을 자주 가서 학부형들과 친하게 지냈다. 학생들의 공부에 대한 얘기도 하고 농사짓는 문제에 대해서도 의견을 나누었다. 학교에서 12km나 떨어진 벽촌까지 자전거를 타고 찾아가 학부형을 감동시킨 적도 있었다. 박 선생은 가난한 아이들의 월사금을 대신 내 주고 아이들과 도시락을 나눠 먹었다. 보통학교 다닐 때 도시락을 못 싸갔던 일, 사범학교 다닐 때 기숙사비를 못 내서 집으로 쫓겨 갔던 일이 떠올라 가난한 아이들에게 특별히 사랑을 베풀었다.

아이들과 지내는 것이 좋았지만 박 선생의 마음 한 구석은 군인이 되고 싶은 꿈으로 가득했다. 특히 일본인 교사들과 교장이 조선 학생들에게 차별 대우를 할 때는 더욱 그랬다.

심정이 복잡할 때 상희 형으로부터 급한 연락이 왔다. 아버지가 위독하니 빨리 집으로 오라는 것이었다. 부랴부랴 고향으로 달려갔으나 이미 아버지는 세상을 떠난 뒤였다. 정희는 아버지를 잃은 슬픔과 답답한 현실 때문에 장례를 치르면서 흐느껴 울

었다.

　문경으로 돌아와서도 마음이 뒤숭숭했다. 답답한 학교를 벗어나고 싶었지만 마땅한 방도가 없었다. 그때 마침 아리카와 대좌로부터 편지가 왔다. 만주에 군관학교가 생겼으니 속히 오라는 내용이었다. 아리카와 대좌는 대구사범학교를 떠나 만주국의 수도인 신경을 지키는 관동군 수비대장이 되어 있었다.

　정희는 만주군관학교에 편지를 보내 입학원서를 받았다. 하지만 16세부터 19세까지만 입학 자격이 있었다. 22세인 정희는 시험을 볼 수 없었다. 그냥 포기하기에는 너무 미련이 컸다. 정희는 간절한 편지를 써서 보내기로 결심했다.

　"나이가 많아서 시험을 칠 수 없는 걸 잘 압니다. 하지만 저는 어릴 때부터 군인이 되고 싶었습니다. 시험만이라도 치게 해 주세요."

　정희는 이 편지를 아리카와 대좌 추천서와 함께 보냈다. 마침 시험관 중에 조선인 강재호 대위가 있었다. 강 대위는 조선인 장교의 숫자가 너무 적어 꼭 조선인을 뽑고 싶었다. 강 대위의 노력으로 정희는 시험을 볼 수 있게 되었다.

　정희는 상희 형에게 만주군관학교로 시험 보러 간다고 털어

놓았다. 늘 자상하게 돌봐 주던 상희 형이 크게 화를 냈다.

"조선을 침략한 일본의 장교가 된다는 게 말이 되냐? 일본은 곧 망한다. 그냥 교사로 아이들을 가르쳐라."

이미 결심을 굳힌 정희는 상희 형의 말을 듣지 않고 만주로 향했다. 정희는 240명 가운데 15등으로 합격했다.

박 선생은 만주군관학교 합격 사실을 문경보통학교에 알리지 않았다. 이듬해 4월 입학할 때까지 근무하다가 조용히 떠날 생각이었다. 하지만 문제가 발생했다. 일본은 전쟁이 치열해지자 정신 무장을 한다며 온 국민에게 머리를 깎게 했다. 이발 기계를 가진 집이 별로 없어 머리 깎는 일이 쉽지 않았다. 게다가 박 선생이 아이들에게 머리 깎으라고 강요하지 않아 학급에 머리 긴 아이가 많았다. 그러자 장학사가 왜 협조하지 않느냐고 박 선생을 다그쳤다.

교장이 사택에서 장학사를 대접하는 자리에 선생들이 불려갔다. 장학사가 박 선생을 노려보며 비아냥거렸다.

"국가 시책에 따르지 않는 불량 교사는 교사 자격이 없소."

박 선생은 그 자리에서 상을 뒤엎고 나와 버렸다.

다음 날 박 선생은 떠날 준비를 했다. 3년 동안 교사로 일한 박 선생이 학생들에게 작별 인사를 했다.

"너희들에게 마지막으로 부탁할 말이 있다. 공부 잘하여 씩씩하고 굳센 조선인이 되어라."

여학생들은 하숙집으로 달려와 가지 말라며 울면서 매달렸다. 박 선생은 우는 여학생들에게 선물을 나누어 주면서 달랬다.

"나는 조선 사람으로서 꼭 할 일이 있다. 그러니 이해해라."

박 선생이 문경을 떠날 때 학부모와 학생들이 버스 정류장까지 나와서 전송했다. 여학생들은 내내 눈물 지으며 손을 흔들었다.

고향으로 향하는 정희의 마음이 무거웠다. 교사 아들을 자랑스러워하는 어머니를 어떻게 설득할지 걱정되었다. 하지만 마음을 단단히 먹고 어머니에게 만주로 가서 군인이 되겠다고 말했다.

"늙은 어미를 두고 왜 그 먼 곳에 가려고 하니? 그냥 선생님하면 얼마나 좋아."

상희 형도 일본 군대에 가지 말라고 계속 말렸다. 상희 형은

〈조선일보〉와 〈동아일보〉 구미 지국장 겸 주재 기자로 일하고 있었다. 신간회 간부로서 일본에 반대하는 투쟁에도 앞장섰다. 그 일로 여러 차례 경찰서에 끌려 가기도 했다. 상희 형은 정희에게 '일본 군대에 가는 것은 변절'이라며 나무랐다.

　어릴 때부터 존경하고 따른 상희 형이 말리는 데도 정희는 뜻을 굽히지 않았다. 기차가 출발한 뒤 뒤돌아보니 어머니가 플랫폼에 서서 계속 손을 흔들고 있었다. 어린 시절 학교 갈 때 배웅하던 모습이 겹쳐지면서 정희의 가슴이 찡했다.

2 세계를 경험하다

긴 칼 옆에 차고

일본이 중국을 침략하여 두 나라의 전쟁이 한창이던 1940년 4월, 박정희는 만주군관학교 제2기생으로 입교했다. 만주 신경 변두리에 있는 만주군관학교에 입학한 제2기생은 만주계 240명, 일본계 240명이었다. 조선인 11명은 만주계에 포함되었다.

군관학교는 규율이 엄했다. 오전 5시에 기상 나팔 소리가 울리면 1분 내로 연병장에 집합해야 했다. 생도들은 한 손으로 옷을 입고 다른 한 손으로 각반*을 차면서 달려 나갔다. 점호 보고가 시작되면 생도들은 부동자세로 서 있었다. 단추를 제대로 끼우지 않았거나 각반 끈이 풀어져 있으면 구대장이 주먹으로 가슴을 세게 쳤다. 그러면 사정없이 땅바닥에 나동그라졌다.

아침 점호가 끝나면 내무반으로 돌아와 침구와 관물 정돈을 했다. 6시에 행진하며 식당으로 갔다. 아침 식사 후 내무반으로 돌아와서 서랍을 정돈한 뒤 15cm쯤 열어 놓았다. 생도들이 나간 뒤 구대장이 순시하면서 정돈 상태가 나쁜 서랍은 뒤집어 버렸다.

오전에는 학과 공부를 하고 오후에는 교련 수업을 했다. 대구사범학교에서 이미 배운 과목이 많아 만주군관학교 수업은 그리 어렵지 않았다. 일본어, 중국어, 수학, 물리, 화학, 역사, 지리, 사격, 마술(馬術, 승마술), 유도, 진중 근무(보초, 경계, 수색, 정찰 등), 전사학, 보병 전술 등을 배웠다. 야외에 나가서 측량하고 지도 그리는 훈련도 했다. 측량과 지도에 관한 지식은 나중에 대통령이 되어 국토를 건설할 때 아주 요긴하게 쓰였다.

*각반 걸음을 걸을 때 발목 부분을 가뜬하게 하기 위해 발목부터 무릎 아래까지 돌려감아 싸는 띠.

조선인 선배들은 어떤 후배들이 왔는지 잔뜩 관심을 기울였다. 1기생들은 2기생들을 훈계하느라 특별히 두 명을 지목했다. 단단하게 생겨 건방져 보이는 박정희와 잘생긴 김재풍이 선배들 앞에 섰다.
 "우리는 지금 일본계, 만주계와 눈에 보이지 않는 민족 투쟁을 벌이고 있다. 학교 생활에 있어서 어떤 경우라도 그들에게 지면 안 된다!"

선배들은 무섭게 대하면서도 후배들을 아껴 주었다. 중국인과 일본인들에게 뒤지지 않는 악바리 근성을 심어 주기 위해 애썼다. 박정희는 나이가 4~5세 아래인 1기생이 야단을 쳐도 묵묵히 들었다. 선배가 "자네 여기 왜 왔는가?"라고 물으면 박정희는 큰소리로 대답했다.

"일본인들 보기 싫어서 왔소."

박정희는 벌떡 일어나 독립군 노래를 부르고는 "일본은 곧 망합니다. 우리는 독립하고야 말 겁니다."고 외치기도 했다. 군인이 꿈이었던 박정희는 군관학교 생활을 열심히 했다.

1940년 여름, 일본은 〈조선일보〉와 〈동아일보〉를 폐간시켰다. 그리고 조선인의 이름을 일본식으로 바꾸는 창씨개명을 강요했다. 만주군관학교에서도 조선인 학생들에게 이름을 바꾸라고 명령했다. 집에 가서 상희 형과 의논하여 다카키 마사오로 이름을 바꾼 박정희는 우울한 기분으로 돌아왔다. 조선인 생도들의 마음도 모르고 만주계 생도들이 놀렸다.

"조선인들아. 이제는 이름까지 바꾸었으니 진짜 일본인이 되었구나."

분통이 터졌지만 싸움을 벌이면 큰 벌을 받게 되니 할 수 없이 참았다. 만주계 생도들은 조선인 생도들이 일본인이 되었다고 놀렸지만 실제로는 그렇지 않았다. 조선인 생도들은 국적은 일본이지만 만주계로 분류되었다. 일본인 생도들이 쌀밥에 좋은 반찬을 먹을 때 조선인 생도들은 수수밥을 먹고 변비로 고생했다.

조선인 생도들은 혼란을 겪었다. 누구를 위해 충성해야 하는지 의문이 생겨 가슴이 답답했다. 그럴 때마다 조선인 생도들은 이런 생각을 했다.

'목숨을 바칠 수 있는 우리나라가 있으면 정말 좋을 텐데. 이 학교가 우리 조선의 사관학교라면 얼마나 행복할까.'

만주군관학교 생활은 힘들었지만 유익한 점도 있었다. 여러 민족이 섞여 살면서 저절로 국제화를 체험하게 되었다. 중화학공업 시설을 비롯하여 거대한 산업 시설이 많은 만주는 활기가 넘쳤고, 조선인 생도들은 거기서 여러 가지를 깨달았다. 조선도 빨리 일본의 식민지에서 벗어나 발전하면 좋겠다는 희망을 품기도 했지만, 만주까지 점령한 일본의 힘을 확인할 때면 절망이 되었다.

1942년 3월 23일, 2기생은 만주군관학교 예과를 졸업했다. 박정희를 비롯한 5명이 졸업식에서 우등상을 받았다. 현지 신문인 〈만주일보〉에 240명의 조선인 생도와 만주계 생도 이름이 실렸다. 그 가운데 박정희의 이름이 맨 앞에 나왔고, 박정희가 대표로 상을 받는 사진이 실렸다. 성적이 우수한 70명은 일본 육군사관학교로 유학을 가게 되었다. 우등생인 박정희도 당연히 유학생 대열에 끼었다.

일본 육군사관학교도 엄격했다. 박정희는 학과 공부를 열심히 하면서 힘든 훈련을 참아 냈다. 공부할 수 있는 기회가 온 만큼 최선을 다해야겠다는 각오를 다졌다. 박정희는 일본이 어떻게 힘을 길러 조선을 점령했는지 궁금했다.

대구사범학교 시절 일본 선생들이 이야기하던 '메이지유신'이 떠올랐다. 메이지유신은 1868년부터 일본이 적극적으로 서양 문물을 받아들이고, 천황을 중심으로 뭉쳐 나라를 근대적으로 개혁한 일종의 혁명이었다. 일본이 나라의 문을 활짝 열고 앞선 서양 문물을 받아들여 빠르게 발전하고 있을 때, 우리 조선은 문을 꽁꽁 잠근 채 서로 싸우다가 나라를 빼앗긴 것이다.

'얼마나 앞선 생각을 하느냐, 어떻게 마음을 합하느냐가 중요하다.'

박정희는 일본의 발전상을 보면서 그런 판단을 내렸다.

일본이 태평양전쟁*에서 밀리고 있다는 소식이 들려왔다. 일본은 중국을 침공한 데 이어 미국과도 전쟁을 벌였다. 일본은 전쟁에 필요한 물자를 구하기 위해 조선인들을 더욱 괴롭혔다. 앞날이 어떻게 될지 알 수 없는 불안한 시절이었다. 박정희는 주말이면 대구사범학교 동기들을 만났다. 어려운 생활과 잃어버린 조국을 걱정하다가 눈물짓곤 했다.

1944년 4월 20일, 일본 육군사관학교 57기 졸업식이 열렸다. 박정희는 유학생 가운데 3등으로 졸업했다.

만주로 돌아온 박정희는 보병 제8단에 배속되었다. 만주와 중국의 접경지대를 지키는 것이 임무였다. 중국 공산당 주력부대인 팔로군의 공격을 막아 마을 사람들을 보호했다.

그즈음 연합군이 일본을 이기고 있다는 소식이 들려왔다. 일본이 곧 망할 거라는 소문이 돌았다. 일본 군대에 속해 있는 조선인 장교들은 어떻게 해야 할지 갈피를 잡을 수가 없었다.

*태평양전쟁 일본이 미국 하와이 주의 진주만을 공습하면서 일어난 전쟁으로 1941년에 일본과 미국·영국 등 연합국 사이에 벌어진 전쟁이다. 일본의 무조건 항복으로 1945년에 끝났다.

꿈에 그리던 광복

1945년 8월 15일, 일본이 연합군에 항복했다. 산속에 있던 조선인 장병들은 이틀이 지나서야 그 소식을 들었다. 고된 훈련을 받아 군인이 되었는데 앞으로 어떻게 해야 할지 혼란스러웠다. 조선인 장병들은 일본 군대에 속해 있어 일본인 취급을 받았다. 그들도 무장해제를 당해 손때 묻은 개인 장비들을 모두 빼앗겼다. 조선인 장병들은 나라가 힘이 없으면 백성이 구차해진다는 사실을 더욱 실감했다.

광복이 되었건만 어떻게 하라고 지시를 내리는 사람이 없었다. 만주와 중국 전선에 있던 조선인 장병들이 베이징으로 몰려들었다. 박정희 일행은 동포가 경영하는 덕경루라는 음식점에 묵게 되었다. 상하이 임시정부는 조선인 장병들을 광복군으로 편입시켰다. 박정희도 광복군이 되어 베이징 시내 제지공장에 마련한 임시 병영에 주둔했다. 부대 이름은 광복군 제3지대 평진대대였다. 200여 명의 평진대대 대원들은 귀국 날짜를 손꼽아 기다리며 훈련을 했다.

가장 큰 문제는 먹는 것이었다. 밥이 없어 죽을 먹거나 굶을 때도 있었다. 박정희는 '조팝 깡다리에 소금국만 먹어도 광복군 정신만은 씩씩하게 살아 있다'는 가사를 지어 혼자 노래 부르곤 했다.

 광복을 맞은 조선은 반으로 갈라져 남한은 미국, 북한은 소련이 신탁통치*를 하고 있었다. 복잡한 국내 사정 탓에 중국에 있는 광복군 부대의 귀국이 자꾸 늦어졌다. 박정희는 이제나 저제나 고국으로 돌아갈 날만을 손꼽아 기다리고 있었다.

 그런데 그때 들려온 소식은 뜻밖에도 미국의 군정청이 독립군을 조선의 정식 군대로 인정하지 않는다는 것이었다. 대한민국 임시정부 산하의 무장 독립군인 광복군도 마찬가지였다. 귀국하고 싶으면 군인이 아닌 민간인 신분으로 돌아오라고 했다. 결국 광복군 부대는 해산되고 말았다.

 박정희는 미국의 해군 수송선을 타고 1946년 5월 부산항에 상륙했다. 박정희는 세상이 어떻게 돌아가는지 살펴보기 위해 일단 서울로 향했다. 서울에서 박정희는 여러 가지 소식을 들었다.

---

*신탁통치 제2차 세계대전 후 국제 연합의 위임을 받은 나라가 스스로 정치를 할 능력이 떨어져 정치적 혼란이 우려되는 지역을 잠정적으로 위임 통치하는 것을 말한다.

〈해외에서 독립 운동을 하던 이승만 박사, 김구 선생 같은 민족 지도자들이 돌아왔다. 광복 이후 남쪽과 북쪽이 갈라졌고, 남쪽은 미국의 자유 민주주의, 북쪽은 소련의 사회주의가 들어왔다. 남쪽은 아직 정권이 서지 않아 혼란스러운 데 반해 북쪽은 김일성 정권이 들어서 질서를 잡고 있다.〉

박정희는 왜 남과 북이 갈라지고 사회주의 사상을 가진 좌익과 자유민주주의 사상을 가진 우익으로 맞서 싸우는지 이해가 되지 않았다.

더욱이 서울은 무질서하고 지저분한 데다 가난했다. 앞날이 어떻게 될지 걱정되었다. 박정희는 허탈한 마음으로 고향에 갔다. 마중 나온 가족들은 박정희를 보고 깜짝 놀랐다. 2년 전 일본 육군사관학교를 졸업했을 때의 멋진 모습이 오간데 없었기 때문이다. 별이 달린 모자, 긴 칼, 멋진 망토 대신 낡은 옷을 입은 박정희는 영락없는 거지꼴이었다.

"어이구, 그냥 선생으로 있었으면 얼마나 좋아. 고집대로 하더니 거지가 됐네."

형들의 면박에 박정희는 씩 웃기만 했다.

상희 형은 여운형이 조직한 건국준비위원회 구미 지부를 이끌고 있었다. 사회주의 사상을 따르는 상희 형은 이승만을 비난했다. 박정희는 상희 형의 의견에 찬성하지 않았다.

"이승만 박사도 해외에서 평생 독립 운동을 해 오신 훌륭한 분입니다."

박정희는 상희 형이 잘못된 사상에 빠진 것 같아 걱정되었다. 친구들이 박정희를 찾아왔다.

"나라가 혼란스러워 못 살겠네. 정희 자네는 만주군관학교와

일본육군사관학교까지 나왔으니 뭘 좀 알 거 아닌가. 속 시원하게 앞날을 전망해보게."

박정희는 친구들의 질문에 아무런 답변도 하지 않았다. 친구들도 우익과 좌익으로 갈려서 서로 자기가 옳다고 싸웠다.

박정희는 만주군관학교 때 단짝이었던 이한림을 만났다.
"우리 군대가 어떤지 한 번 알아보려고 왔어. 시골은 난장판이야. 군대에 다시 들어가고 싶어."
"잘 생각했네. 북한은 일사천리야. 사회주의자들은 계획을 짜서 그대로 밀고 나간대."

남조선 국방경비대에 들어간 이한림은 박정희에게 빨리 군대로 오라고 했다. 박정희는 그 자리에서 다시 군인이 되기로 결심했다.

1946년 9월, 박정희는 조선경비사관학교* 제2기생으로 입학했다. 만주군관학교, 일본 육군사관학교에 이어 세 번째 사관학교에

---

*조선경비사관학교 1946년 5월에 창설된 대한민국 육군 장교를 육성하는 4년제 군사 학교. 남조선국방경비사관학교로 출발해 조선경비사관학교로 이름을 바꾸었다가 정부 수립 후에 육군사관학교로 확정했다.

입학한 것이다. 29세인 박정희는 자기보다 나이가 8~9세 어린 중대장 밑에서 묵묵히 훈련 받았다.

박정희는 훈련 도중에 상희 형이 사망했다는 소식을 듣고 깜짝 놀랐다. 1946년 10월 1일 대구에서 폭동이 일어났다. 좌익 세력이 무기를 탈취하여 죄수들을 풀어 주고 사람들을 학살했다. 특히 경찰과 지주들을 죽였다. 그러자 미군이 대구 일원에 계엄령을 선포했다.

대구와 가까운 구미에서도 폭동이 일어났다. 좌익 폭도들이 선산 경찰서와 면사무소를 점령한 뒤 우익 유지들을 잡아서 유치장에 가두었다. 유지들과 친한 상희 형이 지휘를 잘하여 구미에서는 죽은 사람이 한 명도 없었다.

미군과 경찰이 개입해 대구와 왜관은 곧 질서가 회복되었다. 그 소식을 들은 상희 형은 창고에 감금했던 경찰관들을 풀어 주고 일하게 했다. 좌익 폭도들이 경찰관들을 감시하고 있었다.

다른 곳의 경찰들이 폭도들을 몰아내기 위해 구미에 진입했다. 총소리가 들리자 구미 경찰서를 점령했던 폭도들이 달아나기 시작했다. 상희 형은 하루 전에 석방된 백철상 서장 옆에 앉아 있었다.

"상희, 자네는 도망가지 말게. 우리 생명을 구해 준 사람이니까. 우리가 보증을 서겠네."

총소리가 점점 가까이에 들리기 시작했다. 당황한 상희 형이 갑자기 창문을 밀어 올리더니 밖으로 몸을 날렸다. 먼저 뛰어내린 사람들과 함께 도망치기 시작했다.

"도망 가지 마! 우리가 잘 말해 줄게."

유지들이 그렇게 소리칠 때 서장실로 경찰들이 달려 들어왔다. 경찰들이 열린 창문을 통해 도망가는 사람들을 향해 집중사격을 했다. 몇 명이 총에 맞아 쓰러졌다. 상희 형도 누런 벼 위로 쓰러졌다. 우익 인사들이 모포를 들고 뛰어나갔다. 상희 형의 가슴과 배에서 피가 솟구치고 있었다. 모포에 둘둘 말려 여동생 집에 업혀 들어온 상희 형은 가쁜 숨을 몰아쉬었다. 재희 누나가 녹두물을 떠 먹이자 한 모금 마시고는 곧 숨을 멈췄다. 상희 형의 나이는 41세였다.

박정희는 훈련 때문에 장례식에 참석하지 못했다. 며칠 후 구미에 갔다가 조용히 되돌아왔다. 박정희는 늘 존경하고 좋아했던 상희 형의 죽음에 큰 충격을 받았다. 그때까지 사상에 대해 뚜렷한 입장이 없었던 박정희는 형이 죽은 후 경찰과 미군에게 증오심을 품게 되었다. 당시 사관학교 동료들 가운데 좌익이 많았다. 박정희는 그들과 자연스럽게 어울렸다.

　박정희는 1946년 12월 14일, 조선경비사관학교 194명의 졸업생 가운데 3등으로 졸업했다. 졸업하자마자 소위가 되어 춘천 8연대에서 작전 참모 대리로 일했다. 박정희는 부대원들을 보니 한숨이 나왔다. 밤중에 부대 밖으로 나가서 술을 마시고, 상사에게 대드는 부하도 있었다. 박정희는 원용덕 연대장에게 이 사실을 보고했다.
　"연대장님. 군기가 엉망입니다. 군은 명령에 따라 일사분란하게 움직여야 합니다. 지금 문제가 시급합니다."
　"무슨 방법이 있겠나?"
　"군사훈련을 기초부터 철저히 시켜야 합니다. 부대원을 야외로 이끌고 나가 실제 전투와 똑같이 훈련시키는 기동훈련을 해야 합니다."
　"실제 전투처럼 먼 거리를 이동하려면 치밀한 계획과 준비를 해야 사고가 생기지 않을 텐데, 귀관이 해 낼 수 있겠나?"
　박정희는 연대장의 말에 크게 "예!"라고 답했다. 연대장은 곧

바로 실시하라고 했다. 박정희는 철저히 계획을 세워 3천 명이 넘는 병력을 이끌고 산악과 계곡에서 먹고 자는 훈련을 했다. 그간 사관학교에서 배운 작전 요령을 충분히 활용했다.

훈련은 성공적으로 끝났다. 군인 정신이 투철해진 군인들은 몸가짐이 빨라지고 눈동자가 빛났다. 8연대의 기동훈련이 큰 성과를 거두었다는 소식이 알려지자 다른 부대에서 작전 요령을 배우러 왔다. 기분이 좋아진 연대장은 큰 공을 세운 박정희 소위를 대위로 특진시켰다. 1년도 안 되어 계급이 두 단계나 올라간 것이다.

원용덕 연대장은 박정희 대위의 능력을 높이 평가하여 육군 사관학교 교관으로 보냈다.

"자네는 사관학교에 가서 유능한 인재를 배출하도록 하게."

그러던 어느 날 교관으로 있을 때 죽은 상희 형의 친구인 이재복이라는 사람이 찾아왔다. 상희 형의 사무실에서 몇 번 본 사람이었다. 박정희는 상희 형이 생각나서 반갑게 인사했다.

"정희, 형님 가족들 걱정은 하지 말게. 고향 친구 몇몇이서 힘을 모아 생활할 수 있도록 돕고 있네."

"감사합니다. 안 그래도 늘 걱정이었는데."

"언제 서울에서 열리는 구미 향우회에 꼭 나오게나. 고향 사람들이 모여 친목을 도모하는 자리라네."

박정희는 상희 형 친구에게 꼭 나가겠다고 약속했다. 며칠 뒤 약속 장소에 갔더니 고향 사람은 보이지 않고 낯선 청년들만 있었다. 이재복은 박정희를 자리에 앉으라고 하면서 원서를 한 장 내밀었다.

"자네가 상희를 많이 따르지 않았나. 자네 형은 사회주의 운동을 하다가 뜻을 펴 보지도 못하고 떠났네. 자네가 뒤를 이어 우리와 손잡고 새 나라를 건설하세."

박정희는 상희 형 가족을 돕는 이재복의 권유를 뿌리치기 힘들었다. 그래서 별 생각 없이 남로당 입당원서에 이름을 써 주었다.

남로당은 남쪽에 있는 사회주의자들이 모여 북한의 조선노동당을 본떠 만든 정당이었다. 아직 대한민국 정부가 수립되기 전이라 남쪽에 사회주의 사상을 가진 사람이 많았다. 군 장교들 중에도 남로당에 가입하는 사람이 꽤 있었다.

1948년 8월 15일, 대한민국 정부가 수립되고 이승만 박사가 대통령으로 취임했다. 우리나라는 세계 만방에 독립국임을 선포했다. 자유민주주의 이념을 기초로 나라를 세웠다. 개인의 재산권과 경제 활동의 자유를 보장하는 시장 경제가 밑바탕이 됐다.

민주주의 국가가 되었지만 사회주의자들이 계속 반란을 일으켰다. 1948년 10월 19일 밤 8시쯤, 여수 주둔 14연대에서 반란이 일어났다. 그로 인해 군인들과 공무원 1천2백 명이 피살되었다. 순천에서도 4백여 명의 인명 피해가 발생했다. 여순반란 사건이었다. 좌익 반란군을 진압하기 위해 계엄령이 선포되었다. 박정희 소령은 토벌군 사령부의 작전 장교로 일했다. 곧 반란군은 진압되었다.

그즈음 박정희는 만주군관학교 1기인 최창륜을 만났다. 최창륜은 북한에서 지내다 실망을 느끼고 돌아왔다고 했다.

"인민군은 굶주리는데 김일성과 노동당원들은 호화판 생활을 하더군. 정말 실망했지."

박정희는 북한을 직접 체험한 최창륜의 얘기를 귀담아 들었다.

"그런데 어느 날 만주군 출신들을 몽땅 잡아서 감옥에 넣어 버리는 거야. 감옥에서 많이 죽고 나랑 몇 명만 겨우 출소했어. 감옥에서 나오자마자 걸음아 나 살려라 하고 남쪽으로 도망 왔지. 도망 올 때도 여러 차례 죽을 뻔했어. 자네 형님이 경찰 총에 맞았다고 반감을 갖는 모양인데 빨리 남로당에서 발을 빼게. 북한의 공산주의는 우리가 알고있던 사회주의와는 완전히 달라. 김일성과 일부 노동당원들만을 위한 나라야. 인민들은 뼈 빠지게 고생만 하고 있어."

그때까지 북한의 실상을 자세히 몰랐던 박정희는 최창륜의 얘기에 고개를 끄덕였다. 박정희는 남로당과 관계를 끊어야겠다고 결심했다.

얼마 후 군대 내에서 사회주의 사상을 가진 군인들을 제거하는 작업이 벌어졌다. 남한은 엄연히 미국식 민주주의 정부였으므로 사회주의자들을 체포하게 된 것이다. 남로당에 가입한 적 있는 박정희 소령도 구속되었다.

박정희는 무심결에 써 준 입당원서 때문에 군인의 길에서 밀려난다는 게 너무 억울했다. 군대 수사기관의 최고 책임자인 육군본부 정보국장 백선엽 중령에게 탄원서를 올렸다. 죽은 형과 친구인 이재복과의 관계로 인해 가입하게 된 과정을 자세히 쓰고, 살려만 준다면 조국을 위해 충성을 다하겠다고 다짐하는 내용이었다.

원용덕 대령이 이 소식을 듣고 백선엽 중령을 직접 찾아가서 박정희 소령을 살려 달라고 당부했다.

"박 소령은 우리 국군 가운데 몇 안 되는 실력파입니다. 한 번만 선처해 주시오."

백선엽 중령도 박정희의 뛰어난 자질을 잘 알고 있었다. 평양사범학교를 나와 군인이 된 백선엽 중령은 박정희도 대구사범학교를 나와 군인이 되었다는 점을 알고 호감을 가졌다. 백 중령이 박정희를 불렀다.

"자네는 앞으로 사회주의 사상을 버리고 조국에 충성하겠는가?"

백선엽 중령의 말에 박정희 소령은 분명하게 답했다.

"저는 원래 사회의주자가 아닙니다. 살려만 주신다면 군인으로 국가에 충성 봉사하겠습니다."

백선엽 중령은 박정희의 말에 고개를 끄덕였다. 박정희는 앞으로 사회주의를 버리고 대한민국에 충성하겠다는 전향서[*]를 썼다.

[*]전향서 자신의 이념이나 사상을 반대되는 사상이나 이념으로 바꾸겠다는 결심을 적은 글.

박정희는 사회주의 활동에 적극적으로 참여한 적이 없고, 대구사범학교와 만주군관학교, 일본 육군사관학교에서 최고급 교육을 받은 아까운 인물이라는 점, 여순반란 사건 때 토벌군 사령부의 작전 장교로 활약한 점을 평가받아 무기징역에 집행유예 판결을 받았다. 집행유예는 정상을 참작하여 어느 기간 동안 형의 집행을 보류하는 제도이다.

1948년 12월 박정희는 서대문 형무소에서 풀려났지만 군인 자격을 박탈당했다. 안타깝게 여긴 백선엽 중령이 사무실 한구석에 자리를 마련해 주었다. 박정희는 군복 대신 낡은 작업복을 입고 일했다.

1949년 5월 박정희는 육군본부 정보국으로 발령받아 북한의 정보를 알아 내는 일을 하게 되었다. 그즈음 어머니가 76세의 나이로 별세했다. 박정희는 자신이 가장 초라할 때 어머니가 세상을 떠난 것이 가슴 아팠다. 어머니의 무덤 앞에서 한없이 울었다. 자신의 앞날이 어떻게 될지 알 수 없고 어머니가 그리워 눈물이 펑펑 쏟아졌다.

정부가 들어선 지 1년이 지났지만 질서가 잡히지 않아 나라가 어수선했다. 미군이 철수하자 38선이 위태로웠다. 북한은 소련에서 최신 무기를 들여와 열심히 훈련하고 있었다. 박정희는 북한군이 수상한 움직임을 보이고 있다는 걸 알아 냈다.

박정희는 정보를 모아서 북한이 곧 쳐들어올 것 같다는 '정보 분석 판단서'를 제출했다. 북한군의 전력이 우세하니 한국군도 무기를 사서 훈련해야 한다는 내용이었다. 하지만 군대, 정부 당국, 미국 고문단 모두 박정희의 보고서에 관심을 갖지 않았다. 군인도 아닌 문관 신분이니 박정희가 더 이상 얘기할 방법이 없

었다.

　1950년 6월 27일, 박정희는 구미 고향집에 어머니 제사를 지내러 갔다가 전쟁이 터졌다는 소식을 들었다. 박정희는 부랴부랴 서울로 향했다. 북한이 침략할 것 같다는 보고서가 묵살당한 게 아쉽기만 했다. 오후 2시경 집을 떠났으나 열차가 다니지 않았다. 밤중에 겨우 열차를 타서 27일 오전 7시 서울 용산역에 도착했다. 육군본부로 달려가 보니 이미 많은 사람이 후방으로 피난 가고 일부만 남아 있었다.

　멀리서 포탄 터지는 소리가 나고 거리에는 피난 가려는 사람들로 복잡했다. 박정희는 하숙집에 가서 군대와 관련된 서류를 태우고 짐 정리를 했다. 새벽에 일어나 보니 군인들이 후퇴하고 있었다. 박정희도 그들 틈에 끼어 한강으로 갔다. 하지만 북한군의 남하를 막기 위해 군에서 이미 다리를 폭파해 버린 후였다. 사람들이 서로 한강을 건너는 배에 타려고 몸싸움을 했다. 박정희는 가까스로 배에 올라 한강을 건넜다. 수원까지 걸어가서 청년 훈련소에 임시로 사무실을 만든 육군본부를 찾아갔다.

　땀과 먼지로 뒤범벅이 되어 들어서는 박정희를 장도영 정보국장이 깜짝 놀라며 맞아 주었다. 장도영 국장은 박정희를 소령으로 복직시켜주었다. 사회주의 사상을 버리지 못한 장교들이 북한군으로 가 버리는 사건이 종종 일어날 때였다. 그런데 고향에서 서울로 갔다가 수원까지 찾아왔으니 더 이상 박정희의 사상을 의심할 필요가 없었다. 무엇보다도 실력 있는 군인이 필요했다.

박정희는 다시 군인이 되어 몹시 기뻤다. 바로 전투 정보 임무를 맡았다. T-6이라는 작은 비행기를 타고 정찰을 나갔다가 적의 공격을 받아 추락할 뻔한 일도 있었다.

박정희는 대통령이 된 뒤 일기장에 이때의 일을 이렇게 기록했다.

1949년 정보국 판단서는 전쟁이 발발한 후 너무나 정확하였음이 확인되었다. 알고도 기습을 당했으니 천추의 한이 되지 않을 수 없다. 무능과 무위와 무관심이 가져온 국가 재산과 인명, 문화재의 피해가 얼마나 컸던가. 후회가 앞설 수는 없지만 너무도 통탄한 일이라 하지 않을 수 없다. 400년 전 임진왜란 때 우리 조상들이 범한 과오를 우리 시대에 되풀이하게 되었으니 말이다.

사랑하는 사람을 만나다

전쟁은 3년 1개월 동안 계속되었다. 전방에서는 치열한 전투가 벌어졌지만 후방에서는 조용할 때도 있었다. 좀 잠잠해지면 선생님들은 부서진 학교에 가마니를 펴 놓고 공부를 가르쳤다. 결혼하는 사람도 있고, 전쟁 중에 아기도 태어났다.

박정희는 대구사범학교 후배의 소개로 육영수라는 처녀와 맞선을 보게 되었다. 박정희는 목이 길고 온화한 미소를 지닌 처녀가 마음에 들었다. 육영수는 충북 옥천의 큰 부자 육종관의 딸이었다. 육영수는 서울 배화여고를 졸업하고 1년 반 동안 교사로 일한 적이 있다. 두 사람 다 교사 출신이어서 말이 잘 통했다. 선을 보고 온 육영수에게 동생이 "신랑감이 마음에 드냐?"고 물었다.

"글쎄, 눈이 번쩍번쩍 광채가 나는데 굉장히 무서웠어. 콧날이 날카로워 성깔이 있어 뵈더구나. 주관이 확고해 보이는 눈이 마음에 들긴 해."

서로에게 호감을 느낀 두 사람은 1950년 12월에 결혼했다. 결혼식을 할 때 주례 선생이 "신랑 육영수 군과 신부 박정희 양은……." 이라고 하여 결혼식장이 웃음바다가 되었다.

두 사람은 대구 삼덕동에 방을 빌려 신혼 살림을 차렸다. 중령으로 진급한 박정희는 결혼한 다음 날 바로 사단 사령부로 출근했다. 전쟁 중이어서 신혼여행은 꿈도 꿀 수 없었다. 신혼 생활을 시작한 지 닷새째 되던 날, 박정희는 9사단 사령부가 있는 강원도로 향했다. 박정희 중령은 떠나기 전 돈을 봉투에 넣어 아내에게 건네주었다. 봉투 안에는 생활비를 어떻게 쓰라는 쪽지가 들어 있었다. 육영수는 어머니와 여동생과 함께 지냈다. 전방에서는 치열한 전투가 벌어지고 있었다. 9사단의 병사들이 거의 다 전사했을 정도로 피해가 컸다.

1951년 4월 박정희는 대령으로 승진하면서 대구에 있는 육군 정보학교 교장으로 가게 되었다. 겨우 시간을 낸 박정희는 아내와 함께 강릉 경포대로 뒤늦은 신혼여행을 떠났다. 박정희는 다시 부대로 돌아가고 육영수는 집으로 돌아왔다.
　며칠 후 편지가 왔다. 바닷가에서 찍은 사진과 박정희가 직접 쓴 시가 들어 있었다.

　　벚꽃은 지고 갈매기 너훌너훌
　　거울 같은 호수에 나룻배 하나
　　경포대 난간에 기대인 나와 영……

　시를 받은 육영수는 그간의 고생이 다 사라지는 것 같았다.
　"어머나 참 좋겠다. 군인과의 사랑이라 삭막할 줄 알았는데 그게 아니네."
　사진과 시를 식구들에게 자랑하자 다들 부러워했다.
　1952년 2월 2일, 첫딸 근혜가 태어났다. 예쁜 아기를 안고 자는 아내를 보며 박정희는 또 시를 썼다.

사랑하는 나의 아내, 잠든 얼굴 더욱 예쁘고

평화의 상징! 사랑의 권화여!

아! 그대의 눈, 그 귀, 그 코, 그 입

그대는 인과 자와 선의 세 가닥 실로 엮은

한 폭의 위대한 예술일진저

옥과도 같이 금과도 같이

아무리 혼탁한 세속에 젖을지언정

길이 빛나고 길이 아름다워라

나의 모든 부족하고 미흡한 것은

착하고 어질고 위대한 그대의 여성다운 인격에

흡수되고 동화되고 정착되어

한 개 사나이의 개성으로 세련되고 완성되리

육영수는 시가 담긴 편지를 받고 깊은 감동을 받았다.

1953년 7월 27일, 판문점에서 휴전 협정 조인식이 있었다. 155마일 휴전선을 그어 남쪽과 북쪽으로 나누고 말았다. 6·25 전쟁에서 3백만 명 이상이 사망했다. 미군도 3만 6천 명이 숨지고 8천여 명이 실종되었다. 가족과 헤어진 사람이 1천만 명이 넘었다. 정말로 참혹한 전쟁이었다.

　박정희는 서울로 이사해 방 두 칸짜리 집을 얻었다. 당시 월급은 쌀 한 가마 값에도 못 미치는 2만 환 정도였다. 생활비가 모자라자 육영수는 입던 옷을 내다 팔아 양식을 마련했다. 결혼을 반대했던 육영수의 아버지는 한푼도 도와주지 않았다. 가난한 군인의 아내 육영수는 묵묵히 힘든 고생을 이겨냈다. 생활은 힘들었지만 박정희는 아내와 딸이 있어 행복했다.

　1953년 11월 25일에 박정희는 별 하나를 단 준장이 되었다. 포병으로 옮겨 진급이 빨랐다. 곧이어 미국 육군포병학교 고등군사반 유학생으로 선발되었다. 만주군관학교, 일본 육군사관학교에 이어 세 번째 외국 나들이였다.

　박정희는 부자 나라 미국에서 충격을 받았다. 높은 빌딩이 줄지어 서 있고 도로에는 자동차가 씽씽 달렸다. 밤이면 건물마다 불을 환하게 밝혔다. 한국은 겨우 호롱불을 켤 때였다. 미국 가정에 초대되었을 때 더욱 놀라 입이 다물어지지 않았다. 한국은 라디오도 구하기 힘든데 미국 가정에는 텔레비전, 냉장고, 세탁기까지 없는 게 없었다. 미국 남편들이 부엌일을 도와주는 것도 놀라웠다.

　미국은 집집마다 자동차가 있었다. 노란 스쿨버스가 지나가면 다른 차들이 저절로 속도를 줄였다. 한밤중에도 차들이 신호등을 따라 움직였다. 질서를 잘 지키는 미국 사회에서 느끼는 바가 많았다.

　미국에서 포술학, 전술학, 자동차학 등을 공부했는데 군관학교와 사관학교에서 배운 내용이 많아 공부는 어렵지 않았다. 유학생들은 한 달에 150달러를 체재비로 받았다. 유학생들이 도시 구경을 나갈 때면 박정희는 혼자 숙소에 남아 한적함을 즐기곤 했다. 사실은 돈을 아끼기 위해서였다. 박정희는 외출 나갔다가 점심값을 아끼기 위해 굶고 들어오기도 했다. 텍사스 주 댈러스로 단체 여행을 갈 때도 가지 않았다.

　6개월 간의 유학 생활을 마치고 고국으로 돌아온 박정희는 조금도 기쁘지 않았다.

　'미국과 비교하니 우리나라 현실이 너무 비참해.'

　그런 생각을 하며 박정희는 속히 우리나라가 발전되길 기원했다.

가장 깨끗하고 능력 있는 사람

1955년에 박정희는 강원도 인제 5사단의 사단장이 되었다. 전투부대의 지휘관 임명은 '확실히 믿는다'는 뜻이다. 남로당에 입당했던 것 때문에 늘 의심을 받았던 박정희의 마음이 홀가분해졌다.

둘째딸 근영이 태어나 집안에 웃음꽃이 피었다. 첫 번째 결혼 때 태어난 딸 재옥이는 그때 고등학생이었다. 재옥이는 상희 형의 딸인 박영옥과 함께 살고 있었다. 육영수는 아직 두 딸이 어리고 집이 비좁지만 재옥이를 데려오기로 결심했다. 재옥이는 늘 아버지와 함께 사는 생활을 그리워했다. 재옥이는 깔끔한 한복은 입은 새엄마를 따라나섰다. 재옥이는 따스하게 대해 주는 새엄마의 말을 잘 들어야겠다고 결심했다.

박정희는 전방에서 생활하고 나머지 가족들은 방이 두 개인 노량진 셋방에서 살았다. 박정희는 두 달에 한 번 정도 집에 다니러 왔다. 1956년에서야 서울 충현동의 낡은 2층집을 샀다. 은행에서 돈을 빌리고 2층 방 하나를 세 주어 어렵게 마련한 것이다. 다른 사단장들은 자동차가 있었지만 박정희의 집에는 차가 없었다.

책임감이 강한 박정희는 부하 직원을 세심하게 돌보았다. 그러느라 어려운 집안 형편까지 신경 쓸 여유가 없었다. 육영수가 힘겹게 살림을 꾸렸다. 쌀이 떨어졌을 때 당번병이 미군의 비상식량인 씨레이션과 건빵을 근혜에게 갖다 주었다. 그걸 보고 육영수가 야단을 쳤다.

"군인들이 먹을 음식을 가지고 오면 누군가는 굶게 되는 거 아닌가요?"

그러면서 고스란히 다시 싸 주었다. 청렴함으로 어렵게 생활하는 것을 보다 못한 부하가 독일산 사냥개 와이마르너 암컷을 육영수에게 주었다. 육영수는 이 개를 키워 새끼를 낳으면 시장에 내다 팔아 생활비에 보탰다.

육영수는 남편의 부하들이 들르면 넌지시 물어보았다.

"예쁜 규수가 있는데……. 좋은 총각 없어요?"

재옥이에게 멋진 신랑을 구해 주기 위해서였다. 나중에 재옥이는 대위와 결혼했다.

1958년에 박정희 소장은 1군 사령부 참모장이 되었다. 1군 사령관으로 승진한 송요찬 중장이 그를 데려간 것이다. 송요찬은 야전군 안살림을 박정희에게 맡겼다. 박정희는 군대 내에 비리가 많다는 걸 알게 되었다. 당시 군대 차량을 민간인에게 빌려 주고 돈을 받았다. 이 사업으로 장교들이 몰래 돈을 챙겼다. 차를 자꾸 빌려 주어 점점 고물차로 변했다.

송요찬과 박정희는 힘을 합쳐 군대 비리를 뿌리 뽑는 데 앞장섰다. 우선 군대 차량 빌려 주는 일을 과감히 중단했다. 그 외에 비리가 생기기 쉬운 일을 하나하나 개선해 나갔다.

1960년 박정희 소장은 부산 군수기지사령부 초대 사령관으로 가게 되었다. 군수 물자를 관리하려면 무엇보다 정직해야 한다. 박정희를 조사한 사람들은 이런 결론을 내렸다.

"물건을 봐도 탐내지 않는 사람이어야 그 자리에 앉을 수 있는데 박 소장이 적임자야. 박정희 소장은 정직하고 열심히 일하잖아."

군대에서는 평판이 좋지만 친척들에게는 인기가 없었다. 재희 누나의 남편인 한정봉은 박정희가 어려울 때 도움을 많이 주었다.

"처남, 군대를 상대로 사업을 하고 싶으니 도와주게."

이 편지를 받은 박 소장은 "단념하세요."라는 답장을 보냈다.

"높은 자리에 있을 때 좀 봐 주게."

친척들이 이런 부탁을 하면 박정희 소장은 눈도 깜짝하지 않았다. 그러자 친척들 사이에 '차갑고 정 떨어지는 인간'이라는 소문이 퍼졌다.

하지만 문경보통학교 제자들은 늘 따뜻하게 대했다. 편지가 오면 꼬박꼬박 답장을 쓰고 꼭 '박정희 배'(朴正熙 拜)라고 적었다. 대통령이 된 뒤에도 개인적인 편지나 봉투에는 '대통령'이 아니라

인간 박정희가 적어 보낸다는 뜻을 담아 한자로 '박정희 배'라고 표기했다. 공적인 자리에서는 찬바람이 일었지만 개인적으로는 다정하고 겸손했던 것이다.

한국에서 발간되는 〈사상계〉라는 잡지의 1960년 1월호에 실린 한 편의 논문이 군인들을 화나게 만들었다. 논문은 미국 상원 외교 분과 위원회의 의뢰를 받아 '콜론연구소'라는 곳에서 작성한 것으로, 마치 그 내용이 '나라가 어려워도 한국군은 행동할 용기가 없다'고 평하는 것 같았다. 박정희도 이 논문을 읽고 많은 생각을 했다.

1960년 3월 15일에는 대통령과 부통령을 뽑는 선거가 있었다. 그런데 전국 곳곳에서 부정선거가 행해지는 바람에 시민들이 들고 일어났다. 이를 막기 위해 경찰이 총을 쏘자 데모는 더욱 격렬해졌고, 시민들의 희생이 늘어났다. 결국에는 이승만 대통령이 물러나야 했고, 역사는 이를 4·19 혁명이라 부르게 되었다.

당시 부산에서도 많은 희생자가 생겼는데, 부산 지구 계엄사무소 소장에 박정희 군수기지사령관이 임명되었다. 4월 24일, 시위 희생자에 대한 합동 위령제가 열렸다. 그 자리에서 박정희 소장은 거침없이 말했다.

"여러분의 애통한 희생은 바로 무능하고 무기력한 선배들의 책임인 바, 나도 여러분 선배의 한 사람으로서 오늘 같은 비통한 순간을 맞아 뼈아픈 회한을 느끼는 바입니다. 여러분이 흘린 고귀한 피는 결코 헛되지 않을 것입니다. 여러분들이 못다 이룬 소원은 기필코 우리들이 성취하겠습니다."

군복을 입은 사령관의 신분임에도 불구하고 시민들의 희생을 진심으로 가슴 아파하는 추도사에 사람들은 모처럼 속이 후련해졌다. 다른 이들과 달리 권력의 눈치를 살피지 않는 박정희의 용기 있는 발언에 박수를 보내는 참석자도 많았다.

얼마 지나지 않아 윤보선 대통령과 장면 총리가 이끄는 제2공화국이 출범했다. 이 무렵 박정희는 부산을 떠나 서울의 육군본부에서 작전참모부 부장으로 근무하며 세상 돌아가는 상황을 유심히 지켜보았다. 하지만 새로 들어선 제2공화국 정부도 나라를 제대로 이끌어 가지 못했다. 여기저기서 불만이 터져 나왔다. 외국에서는 우리나라를 희망이 없는 나라라고 평가했다.

'한국은 인구가 지나치게 많고, 자원은 절대 부족하고, 공업은 전혀 발달하지 않았고, 군대를 위한 비용이 많이 들고, 정치는 수

준이 너무 낮고, 민족 자본이 약하고, 부정부패가 심하고, 공무원들이 일을 못 한다.'

당시에는 툭 하면 여기저기서 데모가 벌어졌고, 그 배후에는 공산당의 은근한 선동까지 있었다. 부정부패도 여전히 심각하여 옛날과 달라진 게 별로 없었다. 식량이 부족한 데다 물가는 높고 일자리가 부족해 실업자만 늘어났다. 가장 큰 문제는 가난이었다.

그 즈음 육군사관학교 8기 출신 장교 16명이 '군대를 정비하고 재편성하자'는 이른바 '정군운동'을 벌였다. 그 일로 인해 그들은 군법회의에서 재판을 받았다. 결국 16명 모두 군복을 벗게 되었다. 민간인 신분이 되었지만 그들은 아랑곳하지 않고 자주 모여 정권을 바꾸고 나라를 부강하게 만들자는 논의를 했다.

혁명을 하려면 지도자로 모실 인물이 필요했다. 여러 사람을 조사하여 비교한 결과 '박정희가 가장 깨끗하고 능력 있는 사람'이라는 결론이 나왔다. 자연스럽게 육사 8기 장교들과 박정희가 가까워졌다.

당시 사회 구성원 가운데 군인이 가장 우수했다. 한국군 장교 중에 외국 유학을 다녀온 사람이 많았다. 잘사는 미국 사회를 보고 온 군인들은 나라를 발전시키고 싶었다. 박정희와 육사 8기 장교들은 혁명을 하여 나라를 부강하게 만들자고 결의했다.

역사를 바꾼 5·16 혁명

1961년 5월 16일 새벽, 드디어 혁명의 날이 밝았다. 혁명에 실패하면 기다리는 건 죽음뿐이었다. 아들 지만이 태어나 세 아이의 아빠가 된 박정희는 비장한 마음으로 집을 나섰다.

혁명에 장교 250명과 병사 3,500여 명이 참여했다. 군인들이 100대의 트럭에 나누어 타고 한강 인도교로 향했다. 선두에 선 해병여단이 다리를 건너려 하자 서울을 지키는 헌병부대에서 "통과를 허용할 수 없다."며 가로막았다. 해병대가 그대로 밀고 나가자 총격전이 벌어졌다.

혁명군을 지휘하는 박정희 소장은 지프에서 내려 앞으로 뚜벅뚜벅 걸어 나갔다. 그는 몸을 숙이지 않았다. 이석제 중령이 그를 호위하며 뒤따랐다. 총알이 귓전을 스치며 쌩쌩 날아가는 소리가 들렸다.

 한강 다리에서 저지선을 뚫지 못하여 잠시 풀이 꺾였던 혁명군은 이 같은 지휘관의 흔들림 없는 용감한 행동에 사기가 올랐다. 총격전이 펼쳐지는 긴박한 상황에서 박정희는 결의에 찬 표정으로 말했다.

 "주사위는 던져 졌다."

 5월 16일 4시 15분경, 한강 인도교를 가로막았던 바리케이드가 마침내 뚫렸다. 박정희와 혁명군은 남산에 있던 KBS로 향했다. 박정희 소장이 아나운서에게 혁명 공약이 적힌 전단을 주면서 읽으라고 했다.

 "부패하고 무능한 현 정권과 기성 정치인들에게 더 이상 국가와 민족의 운명을 맡겨 둘 수 없다. 조국의 위기를 극복하기 위해서."

 이것이 혁명을 한 이유였다. 박정희는 국민들에게 이런 약속을 했다.

 "나라를 부강하게 만들어 절망과 배고픔에서 해방시키고 사회주의와 대결할 수 있는 실력을 기르겠다."

 이 일을 완수하면 양심적인 정치인들에게 정권을 내놓겠다고 약속했다.

혁명에 성공한 박정희는 청와대로 가서 윤보선 대통령을 만났다. 그 자리에서 혁명을 할 수 밖에 없었던 이유와 앞으로 할 일을 설명했다. 윤 대통령은 설명을 듣고 난 다음 무거운 목소리로 말했다.

"박 장군의 말을 믿겠습니다. 국민들과 약속한 것을 꼭 지키기 바랍니다."

매일 데모를 하고, 질서는 다 무너지고, 가난하기 이를 데 없는 나라를 어떻게 변화시켜야 할지 걱정이 많았던 대통령으로서도 군사 혁명을 승인하지 않을 도리가 없었다.

"나라를 구하겠다는 일념으로 나섰습니다. 최선을 다해 혁명 과업을 완수하겠습니다. 대통령 각하, 감사합니다."

박정희는 이렇게 인사를 하고 가벼운 발걸음으로 돌아왔다. 당시는 내각책임제*여서 실제 권력은 국무총리에게 있었다. 혁명군이 서울로 들어오자 도피하여 행방을 알 수 없었던 장면 국무총리가 사흘 뒤에 나타나 권력을 혁명군에게 넘겨 주었다. 반

---

*내각책임제 의원내각제라고도 한다. 실질적인 행정권을 담당하는 내각이 국회의 다수당의 신임에 따라 조직되고 존속되는 제도.

대 세력은 없었다. 혁명이 완전히 성공한 것이다. 박정희의 나이 44세 때였다.

박정희 소장은 국민들의 신임을 받지 못한 국회를 해산하고 정치인들의 활동을 중지시켰다. 대신 국가재건최고회의를 만들어 스스로 의장에 취임했다. 최고회의 사무실은 초라하기 그지없었다. 낡은 나무의자에 앉아 일하며 싸구려 우동을 먹었다. 양말도 여유가 없어서 지방 출장 갔을 때 신고 있던 양말을 빨아 널다가 부하에게 들키기도 했다.

박 의장은 최고회의 사무실에서 거의 살다시피 했다. 밤 늦게까지 근무하다가 야전침대에서 잠깐 눈을 붙였다. 아침에 가장 먼저 하는 일은 신문을 읽는 것이었다. 박정희 의장의 머릿속은 온통 이 생각뿐이었다.

'어떻게 하면 우리 국민이 굶지 않고 하루 세 끼 밥을 먹을 수 있을까.'

1961년에 유엔에 가입한 나라는 120개국이었다. 그 가운데 우리나라의 경제 수준은 119위였다. 당시 우리나라 국민소득은 82달러였다. 북한의 국민소득은 162달러로 우리보다 배나 많았다.

1945년 제2차 세계대전이 끝난 후 아시아 국가들은 부강한 나라를 만들기 위해 노력했다. 북한도 1946년부터 경제개혁을 실시했다. 우리나라는 1948년에 정부를 수립했지만 1950년 6월 25일 북한의 기습공격으로 시작된 전쟁으로 인해 온 국토가 잿더미로 변했다. 전쟁 이후에는 정치 혼란마저 겹쳐 경제를 살릴 여유가 없었다. 그래서 세계에서 가장 못사는 나라가 되어 있었던 것이다.

1960년대 초에는 하루 세 끼 밥을 먹는 사람이 드물었다. 아침에는 죽 한 그릇, 점심은 굶고, 저녁에는 꽁보리밥에 된장국이 고작이었다. 초등학교는 한 반에 80명이나 되었다. 그 중 20명은 도시락을 싸 오지 못했다. 학생들은 보자기로 책을 싸서 허리에 질끈 묶고 다녔다. 서울에 사는 극소수의 부잣집 아이들만 책가방을 매고 다닐 정도였다.

왜 그토록 가난했을까?

1961년에는 우리나라 국민의 80%가 농사를 지었다. 공산품을 만드는 공장이 없으니 돈을 벌 일자리도 없었다. 봄이면 양식이 떨어져 5, 6월에 보리가 익기까지 굶어야 했다. 사람들은 그것을 '보릿고개' 라고 불렀다.

박정희 의장은 어떻게 하면 나라를 발전시킬 수 있을까를 연구했다. 우선 국민들의 마음을 모으는 게 중요했다. 그래서 만든 것이 재건국민운동기구였다. '사회주의 물리치기, 사치와 허영 몰아내기, 열심히 일하기' 등의 운동을 펼쳤다. 부정을 저지른 사람과 가정에 문제가 있는 사람, 거짓말하고 군대에 가지 않은 사람들을 직장에서 쫓아내고, 사회주의자를 잡아들였다.

농촌과 어촌에 사는 사람들은 대부분 빚이 많았다. 이자가 너무 높아 일을 열심히 해도 빚 갚기가 힘들었다. 정부에서 농어촌의 빚 문제를 해결해 주었다. 어느 정부도 엄두 내지 못한 일을 처리한 것이다.

박 의장은 국민들에게 '근면·자조·협동'을 강조했다. '부지런하고(근면), 스스로 하고(자조), 서로서로 돕자(협동)'는 뜻이다. 당시 국민들의 마음에 "우리는 안 돼."라는 패배 의식이 있었다. 박 의장은 "할 수 있다!"는 강한 의지를 불어 넣기 위해 애썼다. 박 의장은 정부 관료들에게 단단히 당부했다.

"국민들을 배신하지 맙시다. 국민들에게 하면 된다는 자신감을 심어 줍시다. 우리가 앞장서서 더 열심히 달립시다."

박 의장의 비장한 선언에 군인 출신 장관들이 열심히 일했다.

너무 열심히 하다가 쓰러지는 사람들이 생길 지경이었다. 박 의장이 집에 가지 않고 사무실에서 새우잠을 자니 부하 직원들도 부지런히 뛸 수밖에 없었다.

박 의장은 경제 발전을 위해 현장의 소리에 귀를 기울였다. 뛰어난 사람은 누구든 만났다. 삼성물산의 이병철 사장을 만나 '발전 방안'을 물어봤다.

"지금까지 정부가 기업에서 세금을 너무 많이 걷어갔습니다. 기업은 돈을 버는 게 목적입니다. 돈을 벌려면 투자를 해야 합니다. 1만 원을 벌었으면 그 중에 3천 원은 연구 개발이나 기계를 사는 데 써야 합니다. 그런데 그동안 세금 내느라 그렇게 할 수 없었습니다. 그러니 적게 번 것처럼 거짓말하는 경우가 생겼습니다. 기업이 투자를 해서 돈을 많이 벌 수 있게 해 주십시오."

"무슨 말씀인지 알겠습니다. 기업도 살리고 나라도 부자 되고 국민도 잘살려면 어떻게 해야겠습니까?"

"우리나라는 농업 인구가 대부분인데 이제 공업을 일으켜야 합니다. 우리나라는 비싼 휘발유를 외국에서 사다 씁니다. 정유 공장을 지어서 원유를 싼값에 사 와 가공하면 몇 배의 이익이 남습니다. 원유를 가공할 때 휘발유나 석유만 나오는 게 아니라 나일론이라는 옷감 재료와 플라스틱도 나옵니다. 원유 찌꺼기는 길을 포장하는 아스팔트가 됩니다."

박 의장은 이병철 사장의 설명에 고개를 끄덕이며 메모를 했다.

"정유 공장 하나 세우면 나일론 만드는 섬유 공장, 플라스틱 재료를 뽑아 생활용품 만드는 공장 등 공장을 줄줄이 세우게 됩니다. 그 공장에서 일할 사람이 많이 필요하니 일자리가 생깁니다."

경제에 대해 잘 몰랐던 박 의장은 갑자기 눈이 확 떠지는 기분이었다.

"좋은 말씀입니다. 지금 한 얘기를 구체적으로 어떻게 실행해야 할지 계획서를 만들어 주면 좋겠습니다. 혁명 정부에서 경제 개발 5개년 계획을 세워서 밀고 나갈 때 적극 반영하겠습니다."

산업을 발전시키기 위해서는 정유 공장, 나일론 공장, 플라스틱 공장, 석유화학 공장, 비료 공장, 발전소 등을 지어야 했다. 그중에서도 제철 공장은 꼭 건설할 필요가 있었다. 제철 공장을 짓는 데 약 1억 3천만 달러가 필요했으나 우리나라의 외화는 2천3백만 달러뿐이었다. 외국에서 돈을 빌려 오지 않으면 어떤 사업도 할 수 없는 처지였다.

　가난한 한국에 선뜻 돈을 빌려 줄 나라는 없었다. 박정희 의장은 미국에 도움을 요청하기로 했다. 미국은 혁명 정부를 유심히 지켜보고 있었다. 다행히 주한 미국 대사 사무엘 버거가 좋은 평가를 내렸다.

　"혁명 정부는 좀 미숙하지만 정열적이고 정직하며 상상력과 의지력에 차 있다. 박정희 의장의 단호하고 엄정한 일처리에 믿음이 간다."

　케네디 대통령은 이런 보고를 받고 박정희 의장을 미국으로 초청했다. 케네디 대통령이 혁명 정부를 돕겠다고 약속했다.

　이병철 사장은 전국경제인연합회를 발족시켜 초대 회장을 맡았다. 가장 먼저 민간외자 교섭단을 구성했다. 이 사장과 최태섭 한국유리 사장, 구인회 LG 창업주 등이 미국과 유럽으로 돈을 빌리러 갔다. 얼마 후 대한양회 이정림 사장과 이양구 오리온그룹 창업주 등도 나라를 위해 나섰다. 정래혁 상공부 장관은 정부 교섭단을 이끌고 독일로 갔다.

　모두들 열심히 노력하여 외국 정부로부터 차관을 들여올 수 있었다. 세계적인 기업들이 우리나라에 관심을 보이기 시작했다. 모두들 열심히 뛴 덕분이었다.

1960년 당시 우리나라의 연간 수출액은 고작 3천3백만 달러였다. 해외에 내다파는 수출품은 한천, 우뭇가사리, 명태, 중석, 누에고치, 흑연, 돼지털 정도였다. 대신 석유, 비료, 철강 같은 원자재와 쌀, 보리를 수입했다. 공장이 없는 우리나라는 생활필수품을 대부분 외국에서 사왔다. 우리가 파는 물건보다 수입하는 물건이 훨씬 많았다. 박 의장과 관료들이 모여 경제 발전을 위한 중요한 회의를 했다.

"외국에서 수입하는 물건을 국내에서 만들어 수입을 줄입시다. 저는 '수입 대체'를 주장합니다."

"수출할 물건을 많이 만들어 외국에 팔아 돈을 법시다. 저는 '수출 주도'를 강력히 주장합니다."

모두들 의견을 내고 열심히 연구했다. 박 의장이 결론을 내렸다.

"수출 주도로 결정합시다. 우리나라 사람이 쓸 것만 만드는 소극적인 면에서 벗어나 수출을 많이 합시다. 세계를 우리의 시장으로 만듭시다."

박 의장의 결정에 모두 박수를 쳤다.

"수출을 많이 하려면 어떤 물건을 만드는 게 좋을까요?"

박 의장의 질문에 다양한 의견이 나왔다. 우리 실정에 딱 맞는 결론을 찾았다.

"아직 우리는 기술이 없으니 복잡한 물건은 만들 수 없습니다. 손재주가 좋고, 부지런하며, 사람이 많으니 섬유 제품, 운동화, 가발이 좋겠습니다."

회의를 마친 후 모두들 자기 자리로 돌아가서 열심히 일했다.

1962년 1월 13일 '제1차 경제개발 5개년 계획'을 발표했다. 수출을 많이 하기 위해서는 가트(GATT, 관세와 무역에 관한 일반협정)에 가입해야 한다. 그래야 관세를 많지 내지 않고 물건이 오갈 때 제한을 받지 않기 때문이다. 회원국의 3분의 2가 찬성해야 가입할 수 있는데, 가난한 나라는 들어가기 힘들었다.

가트에 가입하기 위해 준비 단원들은 5개월 동안 열심히 뛰었다. 돈을 아끼려고 싸구려 호텔에 묵으며 밥을 해 먹었다. 회원국 사람들을 만나려면 돈이 필요했다. 서울에 연락해서 돈을 보내 달라고 했지만 여유가 없었다. 박 대통령이 그 얘기를 듣고 바로 지시했다.

"내 월급을 가불해서 보내시오."

그렇게 모두가 열심히 뛰어 가트에 가입했다.

'수출 주도'를 선택한 것이 오늘날 우리나라를 부강하게 만들었다. 당시 수입 대체를 선택해 잘살았던 필리핀은 가난한 우리나라에 장충체육관을 지어 주었다. 하지만 경제 정책이 잘못된 데다 마르코스 대통령이 부패하여 이제 우리의 도움을 받는 나라가 되었다.

1963년 8월 30일, 박정희 대장은 군대에서 전역식을 가졌다. 민간인으로 대통령 선거에 나가기 위해서였다. 그때까지 최고회의 의장이면서 군인 신분이었다. 나라가 안정되면 민간인에게 정권을 물려 주겠다고 했던 혁명 공약을 어기게 되었다. 여기저기서 왜 약속을 지키지 않느냐고 항의했다. 박정희 대장은 전역식에서 미안한 마음을 표현했다.

"다시는 이 나라에 본인과 같은 불운한 군인이 없도록 합시다."

군인이 정치에 참여하지 않도록 정치인들이 정치를 잘해야 한다는 뜻이었다. 박 의장은 직접 대통령이 되어 나라를 발전시키고 싶었다. 박 의장은 약속을 지키지 않은 것에 대해 국민들의 심판받기로 결심하고 대통령 선거에 출마했다. 1963년 10월 선거 운동을 할 때 박 후보는 강하게 외쳤다.

"우리 스스로 우리의 경제를 재건할 수 있는 계획을 세워 놓고 미국에 원조를 부탁해야 합니다. 당장 먹어서 없어지는 밀가루보다 시멘트 한 포대, 철근 하나가 더 필요합니다. 공장을 더 지어 달라고 합시다. 우리한테 꼭 필요한 것을 받자는 겁니다. 원조를 받아서 효과적으로 잘 사용해야 합니다. 그래야만 미국 사람들도 우리를 도와준 보람이 있고, 우리나라가 부강해집니다."

박 후보는 선동을 하거나 지키지 못할 약속은 하지 않았다. 대신 구체적인 목표를 제시했다. 10월 15일 투표에서 박정희 후보는 윤보선 후보에게 15만 표 차이로 승리하여 대통령이 되었다.

3 우리가 살 길은 오직 수출뿐!

계획을 세워 실천하다

박정희 대통령은 혁명 초기부터 철저한 계획을 세워 일했다. 대통령이 되어 비로소 일을 시작한 것이 아니었다. 국토재건운동과 산림녹화를 처음부터 실시했고 경제개발 계획, 과학 발전, 공업단지 조성을 했다.

'수출 주도' 정책을 수립한 만큼 특별히 공업 발전에 공을 들였다. 1962년 2월 3일 울산 바닷가에 '울산공업센터'라는 현수

막이 나부꼈다. 농사만 짓던 나라에서 물건을 만들어 팔기로 한 것이다. 박정희 국가재건최고회의 의장은 기공식에 참석하여 이렇게 외쳤다.

"5천 년에 걸친 가난을 씻고 부자 나라를 만들기 위해 울산에 공업단지를 건설하기로 했습니다."

모두들 박수를 치며 잘사는 나라를 꿈꾸었다.

5월 10일, 미국의 밴 플리트 장군이 투자단 28명을 이끌고 울산에 왔다. 자동차 회사, 가전업체, 화학 기업 등 큰 회사의 사장들이었다. 6·25 전쟁에 참전한 밴 플리트 장군은 우리나라를 사랑하여 도와주려고 애썼다. 미국 기업인들은 아무것도 없는 황량한 벌판 앞에서 고개를 갸웃거렸다.

"오 마이 갓! 공업단지에 공장이 하나도 없다니……."

밴 플리트 장군이 한숨 쉬는 미국 기업인들을 달랬다.

"지금은 아무것도 없지만 한국인들은 부지런하고 성실합니다. 반드시 해 낼 겁니다."

믿지 못하겠다는 표정의 기업인들 앞에서 한국의 담당자가 목소리를 높여 설명했다.

"울산은 교통이 편하고 부산, 포항 등 대도시가 가까이에 있어 일할 사람이 많습니다. 태화강이 있어 물도 풍부해요. 항구가 발달해 화물선이 드나들기 편합니다. 최고의 공업단지가 될 수 있습니다."

설명을 들은 뒤에도 모두들 미심쩍은 표정이었다. 하지만 미국기업인들은 새롭게 시작하는 나라를 돕기로 결심했다.

1964년에는 '한국수출산업공단'을 만들었다. 그 가운데 하나인 서울 '구로공단'에서 섬유, 전등, 손톱깎이 등을 생산했다. 1960년대 대표적인 수출 상품이었던 가발도 만들었다. 구로공단에서 일한 여공들의 나이는 15, 16세 정도였다. 초등학교를 졸업하고 가난한 집안 살림을 돕기 위해 시골에서 서울로 왔다. 여공들은 열심히 일해서 부모님에게 돈을 보냈다.

구로공단이 생긴 첫해인 1964년 11월 30일, 수출 실적 1억 달러를 돌파했다. 팔 수 있는 것은 모조리 외국에 판 덕분이었다. 겨울 방한복에 넣을 돼지털까지 수출했을 정도였다. 박 대통령과 경제 장관들은 박수를 치며 기뻐했다. 매년 11월 30일을 '수출의 날'로 정해 지금까지 기념하고 있다.

1970년 1월 경상남도 마산시와 전라북도 익산시에 수출자유

지역을 조성했다. 외국인의 투자를 유치하고, 외국에서 수입한 원료로 물건을 만드는 곳이었다. 어느 날 박 대통령이 마산 한일합섬 공장에 들렀다. 운동장만큼 넓은 실내에서 어린 여공들이 기계로 스웨터를 짜고 있었다. 박 대통령은 소녀들을 보자 안쓰러운 마음이 들었다.

"소원이 뭐야?"

그러자 여공이 눈물을 글썽이며 대답했다.

"공부하고 싶어요. 영어를 모르니 감독님 말을 알아들을 수가 없어요."

순간 분위기가 숙연해졌다. 박 대통령은 옆에서 안내하던 김한수 한일합섬 사장을 쳐다보았다.

"당장 야간학교를 개설하겠습니다. 중학교 과정부터 시작하겠습니다."

김 사장이 그 자리에서 약속을 하자 박 대통령이 당부했다.

"공부 못한 것이 한이라는데 시설을 잘 해 주세요. 자부심을 느끼게 해 주세요."

나이 어린 여공은 물론 서른을 훌쩍 넘긴 여공들까지 야간학교에 입학했다. 모두들 공부하게 된 것이 꿈만 같다며 기뻐했다.

하루에 10시간이 넘는 고된 노동을 하면서도 밤에는 열심히 공부했다.
그런데 야간학교는 정규학교가 아니라며 졸업장을 주지 않았다. 여공들은 풀이 죽었다. 이 소식을 들은 박정희 대통령이 문교부 장관을 불러서 호통 쳤다.
"낮에는 일하고 밤에 열심히 공부했는데 왜 졸업장을 안 줍니까. 그런 규정은 당장 뜯어 고쳐요!"
결국 야간학교도 정규학교와 동등한 졸업장을 받을 수 있도

록 법규가 바뀌었다. 소녀들은 뛸 듯이 기뻐하며 설레는 마음으로 졸업식을 기다렸다.

드디어 졸업식 날, 일하며 공부한 것이 대견하고 기뻐 모두들 엉엉 울었다. 울음을 그치지 않아 졸업식이 여러 차례 중단되었다. 이후 전국의 큰 공장마다 야간학교가 들어섰다. 많은 사람이 일하면서 공부할 수 있게 되었다.

박정희 대통령은 수출을 많이 하기 위해 1965년 1월부터 수출진흥확대회의를 열었다. 정부 관리, 국회의원, 대학 교수, 경제 단체장, 법조계 인사, 수출 지원 기관과 업계 인사 등 250명이 참석했다. 박 대통령은 회의를 할 때면 말을 거의 하지 않았다. 대신 전문가의 의견을 열심히 들었다. 집무실에 수출 현황 막대 그래프를 그려 놓고 기업의 수출 성적을 살펴봤다. 대통령의 열의가 높으니 상공부 관리들도 열심히 뛰었다. 관리들은 수출 기업을 찾아가서 수출액을 늘리라고 당부했다.

수출하는 기업에는 특별한 혜택을 주었다. 은행에서 돈을 빌려 주고 이자를 낮게 받았다. 원자재를 수입할 때는 세금을 전액 면제해 주었다. 수출로 달러를 벌어들인 기업에는 소득세를

80%나 깎아 주었다.

당시에는 외국에 나가기가 하늘의 별따기처럼 어려웠다. 하지만 수출 기업 대표들에게는 언제든지 외국에 나갈 수 있도록 여권을 만들어 주었다. 수출을 잘한 기업인들에게 훈장을 수여해 힘을 북돋아 주었다.

매년 초 수출진흥확대회의 때면 세계 각국에 나가 있는 대사들을 서울로 불러들였다. 수출 실적이 높은 지역의 대사들은 좋은 대우를 받았다. 실적이 나쁜 지역의 대사는 한국으로 소환되거나 살기 힘든 지역으로 보냈다.

"우리가 살 길은 오직 수출뿐!"

박 대통령은 늘 이 말을 강조했다. 국가의 모든 힘을 수출에 쏟았다.

수출 1억 달러를 달성했지만 여전히 가난했다. 한 단계 도약하기 위해서는 자금이 필요했다. 외국에 자꾸 원조를 요청하기도 힘들었다. 가난한 한국에 큰돈을 빌려 주는 나라도 없었다. 박 대통령은 결론이 나지 않은 일본의 배상금을 떠올렸다. 일본은 우리나라를 35년 동안 강제로 점령하여 많은 피해를 입혔다.

오랜 협상 끝에 일본은 우리나라에 보상금 3억 달러를 지급하고, 2억 달러는 20년 동안 나누어서 받는 조건으로 빌려 주었다. 또한 민간기업에도 1억 달러 이상 빌려 주기로 했다.

이를 바탕으로 1965년 우리나라와 일본은 다시금 외교 관계를 수립했다. 1951년부터 시작된 국교 정상화 협상이 14년 만에 이루어진 것이다. 하지만 일본과의 수교를 반대하는 사람들도 있었다.

"일본이 우리나라를 강제 지배한 것에 대해 진정한 사과를 하지 않았다! 우리가 너무 많은 양보를 했다! 더 많은 보상금을 받아 내라!"

박정희 대통령은 특별담화를 발표했다.

"지난날의 감정에만 집착할 수 없습니다. 아무리 어제의 원수라 하더라도 필요하다면 그들과 손을 잡아야 합니다."

일본과의 국교가 정상화되면서 활발한 경제 교류가 이루어졌다. 일본에서 받은 자금이 경제 발전에 큰 도움이 되었다. 박 대통령은 반대가 있어도 필요하다고 판단하면 밀어 부쳤다. 그래서 독재정치를 한다는 비판을 받았다.

박 대통령은 사석에서 "언제까지나 미국에게 밀가루나 얻어 먹고 살 수는 없다. 일본에 굴욕을 당하지 않으려면 반드시 일어서야 한다."는 다짐을 하곤 했다.

　일본과 수교에 앞서 일본이 독도를 노리는 걸 안 박 대통령은 1961년 11월에 특별 지시를 했다.
　"독도를 정확히 측량하여 토지대장에 등록하고 그 결과를 보고하시오."
　국토건설청 산하 국립건설연구소(국립지리정보원의 전신) 측량팀이 2개월에 걸쳐 독도의 지형을 측량하고 지형도를 작성했다. 이는 독도의 영유권을 확실히 해 두는 국토 관리 차원의 작업이었다.
　1962년 10월, 박 대통령은 동해안 화진포에서 해병대 상륙작전 훈련을 참관했다. 바로 주문진으로 이동해 해군 함정을 타고 울릉도로 갔다. 그때까지 울릉도에 찾아간 대통령은 박 대통령밖에 없었다. 박 대통령은 독도 경비를 담당하고 있는 울릉경찰서 경관들을 위로한 뒤 독도 경비원들에게 라디오와 책을 보내 주었다.
　박 대통령은 울릉도에 사는 학생들을 여러 차례 청와대로 초청했다. 또 독도 의용 수비대 출신 용사들에게 훈장을 수여했다. 교통 사정이 좋지 않은 울릉도의 종합 개발 사업을 지시했다. 울릉도가 발전한 후 육지와 왕래가 늘어났다.

달러 모으기 외교

국가에서는 달러를 모으기 위해서 많은 노력을 기울였다. 우리나라 광부와 간호사를 서독으로 보냈다. 대신 서독에서 1억 4천만 마르크를 빌려 주기로 했다. 1천m 지하 갱도에서 광부들이 열심히 일했다. 간호사들은 시체 닦는 일도 마다하지 않았다.

1964년 12월 10일, 박정희 대통령이 서독을 방문했다. 본 공항에 도착했을 때 길가에 걸린 태극기가 20개뿐이었다. 호텔방은 10평도 안 되는 작은 방이었다. 가난한 나라 대통령의 설움이었다.

양국 정상회담을 가진 뒤 박 대통령은 본에서 한 시간 남짓 떨어진 함보른 광산을 방문했다. 그 광산에서 땀 흘리며 일하던 수

백 명의 한국인 광부, 그리고 머나먼 이국땅에서 외로움과 싸우며 근무하던 간호사들이 태극기를 흔들며 고국에서 온 대통령 내외를 맞이했다. 광부들은 박정희 대통령에게 거수경례를 했다. 간호사들은 대통령 영부인 육영수 여사를 둘러싸고 "어머니! 어머니!"라며 눈물을 흘렸다. 그동안 힘든 일을 꾹 참고 해 냈으나 대통령 내외를 보자 마치 부모님을 만난 것처럼 감정이 북받쳐 올랐던 것이다. 광부들도 울고, 간호사들도 울고, 대통령 내외도 울어 온통 눈물바다가 되었다. 음악을 연주하던 대원들도 흐느꼈다. 대통령을 수행하여 취재하던 한국 기자들도 어깨를 들썩이며 울었고, 카메라를 내려놓고 통곡하는 사진 기자도 있었다.

잠시 후 박 대통령이 단상에 오르자 독일의 악대가 애국가를 연주했다. 모두들 울면서 애국가를 부르다가 목이 메어 끝까지 부르지 못했다. 애국가가 끝난 후 함보른 광산의 영업부장이 "한국의 광부들이 정말로 부지런하고 예의 바르고 규율을 잘 지켜 다른 나라에 모범이 된다."고 칭찬했다.

이어 단상에 오른 박 대통령은 손수건으로 눈물을 닦고 연설을 시작했다.

"조국을 떠나 이역만리 남의 나라에 와서 얼마나 고생이 많으십니까. 한국 사람들이 일을 제일 잘한다는 칭찬을 들으니 매우 기쁩니다. 가족과 고향 생각에 힘들겠지만 조국의 명예를 걸고 열심히 하는 여러분을 모두 기억하고 있습니다. 후손들이 잘사는 나라를 위해 함께 노력합시다."

대통령이 연설하는 동안에도 모두들 흐느껴 울었다. 박 대통령도 결국 말을 잇지 못하고 눈물을 흘렸고 강당은 또 다시 눈물바다가 되었다.

광산에 30분만 머물 예정이었지만 박 대통령이 광부들의 숙소까지 찾아가서 사는 모습을 살펴보느라 1시간도 넘게 머물렀

다. 뒤늦게 달려온 광부들이 박 대통령 손을 잡고 놓아 주지 않았다.

"각하, 우릴 두고 어디 가세요. 한국에 가고 싶어요. 부모님이 보고 싶어요."

준비해간 선물을 나눠 준 박 대통령은 겨우 그 자리를 빠져 나오면서 하염없이 쏟아지는 눈물을 손등으로 닦았다. 옆에 있던 뤼브케 독일 대통령이 손수건을 건네면서 말했다.

"각하, 울지 마세요. 우리가 열심히 돕겠습니다."

정상회담을 하러 갔지만 사실은 돈을 빌리러 간 것이다. 뤼브케 대통령은 박정희 대통령에게 여러 가지 방안을 말해 주었다.

"일본과 손을 잡으세요. 우리도 마흔두 번이나 전쟁을 한 프랑스와 손을 잡았습니다. 미래를 내다 보고 도움이 되는 나라와 협력을 하는 게 좋습니다. 한국에 산이 많다던데 산을 뚫어서 도로를 만드세요. 우리도 산이 많아 '아우토반'을 만들었고, 경제 발전에 도움이 되었습니다."

뤼브케 대통령의 말에 박 대통령은 고개를 끄덕였다.

서독의 고속도로인 아우토반은 속도 제한이 없는 걸로 유명하다. 국빈용 벤츠 승용차를 타고 아우토반을 달릴 때 박 대통령은 우리나라에 이런 도로를 만들어야겠다고 결심했다.

서독은 담보 없이 4천770만 달러를 꾸어 주기로 약속했다. 우리나라 광부와 간호사들이 계약 기간 만료 후에 계속 일해도 된다는 다짐까지 받았다. 1963년부터 15년 동안 7만 9천여 명의 광부와 1만여 명의 간호사들이 독일에서 외화를 벌어들였다.

박 대통령은 서독에서 돌아오자마자 고속도로 연구를 시작했다. 각국의 고속도로 공사에 대한 기록과 도로 전문가들의 연구 보고서를 밤늦게까지 읽었다. 박 대통령은 국무총리와 장관에게 지시했다.

"우리나라에는 고속도로를 만들 수 있는 건설 회사가 없어요. 한국 건설업자들이 국제 무대에 진출할 수 있도록 적극 도우시오. 기술이 뛰어난 해외 건설 회사와 일하면 선진 공법을 빨리 익힐 수 있을 거요."

박 대통령은 새로운 것을 볼 때마다 우리나라에 적용하고 싶어 가슴이 뛰었다.

독일에 살고 있는 한국인 광부 출신들의 모임에서는 독일 파견 50주년인 2013년에 박 대통령의 동상과 기념관을 현지에 세우기로 했다.

"베트남전쟁에 군대를 파견해 주십시오."

1964년, 늘 남의 나라 도움만 받던 우리나라에 미국이 도움을 요청해왔다. 당시 베트남은 우리나라처럼 월남과 월맹으로 갈라져 싸우고 있었다. 월남은 자유 진영이고 월맹은 공산 진영이었다. 월맹은 월남에 게릴라를 침투시켜 괴롭혔다. 이 게릴라를 베트콩이라고 불렀다. 미국은 월남을 돕기 위해 베트남 앞바다 통킹 만에 함정을 대 놓고 베트콩을 감시하고 있었다. 그런데 월맹군 잠수함이 어뢰를 쏘아 미국 함정을 공격했다. 그러자 미국이 월맹의 수도 하노이를 폭격했다. 미국 해병대가 상륙하면서 전쟁이 벌어졌다. 미국은 전쟁을 빨리 끝내기 위해 자유 진영 국가들에 군대를 파견해 달라고 요청했다.

박정희 대통령은 고민이 많았다. 6·25 전쟁에서 미국 군인 3만 6천 명이 우리나라를 돕다가 이 땅에서 전사했다.

"전쟁이 끝난 후에도 미국은 경제적 원조를 해 주고 있다. 지금껏 우리 땅에 미군이 주둔하여 우리를 지켜 주고 있고, 그러니 미국의 요청을 물리칠 수가 없다. 하지만 전쟁터에 나가면 우리 젊은이들이 위험한데……."

우리나라는 북한과 대치하고 있었지만 국방비를 최소한으로 책정했다. 초창기에 북한은 우리나라보다 더 잘살았다. 북한은 군사력을 키우는 데 돈을 들였고 대한민국은 경제 발전에 힘을 쏟았다. 미군이 우리나라에 주둔하고 있어서 가능한 일이었다.

박 대통령은 고심 끝에 베트남에 한국군 파병을 결심했다. 대신 미국에 여러 가지 요구를 했다.

"한국 내의 10개 예비 사단 중 3개 사단을 현역 사병 수준의 장비로 개선해 주시오. 세계 은행 차관을 들여와 한국의 경제 발전에 쓸 수 있도록 도와주시오."

한국 기업이 베트남에 진출할 길을 열기 위해 이런 조건도 붙였다.

"한국군이 베트남에서 먹고 입는 것은 한국에서 조달할 수 있도록 해 주시오."

미국은 박 대통령의 요구를 받아들였다.

1964년 9월 베트남에 파병된 우리 군인들은 국가의 명예와 자신의 목숨을 걸고 열심히 싸웠다. 그 대가로 우리 군인들은 미국 정부로부터 월급을 받았다. 군인들은 월급의 80%를 고국으로 보냈다. 군인들은 나머지 20%의 봉급도 아껴 돌아올 때 텔레비전을 한 대씩 사 왔다. 당시 베트남 파병 용사들이 본국에 송금한 월급은 모두 3억 달러에 달했다.

뿐만 아니라 베트남에 많은 한국 기업이 진출해 달러를 벌었다. 베트남 정부와 미군들은 우리 기업을 보고 감탄했다.

"한국 사람들은 정말 용감해. 다른 나라 회사들이 겁나서 못 들어가는 지역에 과감히 들어가 빠르게 일을 마치잖아."

미국 군대에 납품하려면 매우 까다로운 조건을 통과해야 한다. 그 기준에 맞추다 보니 한국 기업들의 실력이 쑥쑥 늘어 큰 회사로 발돋움했다.

베트남전쟁 때 박 대통령은 우리 군인들에게 김치를 먹이려고 애썼다. 미국에 "한국군은 김치를 먹어야 힘이 난다. 김치를 보급할 수 있게 해 달라."는 친서까지 보냈다. 연구를 거듭하여 1967년에 드디어 군인들에게 김치 통조림이 배달되었다.

군인들이 반가움에 통조림을 땄을 때 아쉽게도 벌건 녹물이 흘러나와 차마 먹을 수가 없었다. 채명신 월남 주둔 한국군 사령관이 병사들에게 "그래도 고국에 있는 부모들이 기른 배추로 만들었으니 먹자. 그래야 조국으로 미국 달러가 들어간다."고 달랬다. 그만큼 달러가 귀한 시절이었다.

베트남전에서 한국 군인들이 용감하게 싸우고 한국 기업이 열심히 달리자 한국에 대한 평가가 달라졌다. 6·25 전쟁이 끝난 지 얼마 안 된 가난한 나라로만 알려졌던 한국이 용맹하고 부지런하다는 소문이 세계로 퍼졌다.

베트남전쟁은 월맹군이 월남의 수도인 사이공을 점령하면서 1975년에 끝났다. 미국이 전쟁에서 진 것이다. 한국군은 1973년 3월 23일까지 베트남에서 공산군과 맞서 싸웠다. 그러면서 한편으로는 집과 학교, 공공건물, 도로를 만들어 주었다. 때로는 농사일도 돕고 농기구와 탈곡기를 지원했다.

베트남전에는 모두 31만 2천853명의 한국군이 참전했다. 그중 4천960명이 전사했다. 부상자의 숫자도 1만 5천922명이나 됐다. 베트남 전쟁에 참전한 우리 용사들은 전쟁의 한복판에서 목숨을 아끼지 않고 싸워 달러를 벌어들였다.

베트남 파병 직전에는 우리나라 농촌에 전기가 들어오지 않는 곳이 많았다. 텔레비전과 냉장고는 아예 없었다. 베트남 파병 이후 전기가 들어오는 마을이 늘었고, 텔레비전 보급도 빠르게 증가했다. 베트남전쟁이 끝난 후 우리나라 1인당 국민소득이 5배나 늘어났다. 수출액도 25배나 증가했다. 한국 정부는 베트남전쟁을 통해 벌어들인 돈으로 방위산업과 중화학공업을 일으킬 수 있었다.

경부고속도로 건설

박정희 대통령은 자나 깨나 어떻게 하면 부강한 나라를 만들까, 연구했다. 공장에서 물건을 생산하면 빨리 운반하는 게 중요했다. 도로가 구불구불하고 포장 안 된 곳이 많아 자동차가 빨리 달리기 불편했다. 서울에서 대전까지 8시간이나 걸렸다.

박 대통령은 헬리콥터를 타고 수시로 살펴보았다. 그래서 웬만한 마을의 지형을 다 알고 있었다. 박 대통령은 서독에서 본 아우토반을 떠올렸다. 서울에서 부산까지 빨리 갈 수 있는 도로를 만드는 것이 시급했다. 하지만 도로를 만드는 기술을 가진 회사가 없었다. 외국 회사에 도로 공사를 맡길 만한 여유 자금도 없었다. 그때 마침 반가운 소식이 들려왔다.

1966년 현대건설이 태국 파타니 나라티왓 고속도로 건설 입찰에 참여하게 된 것이다. 그 공사를 하면 도로 만드는 기술을 배울 수 있었다. 그래서 정부에서 적극 도와 현대건설이 태국에 진출하게 되었다. 한국 건설 기업이 사상 처음으로 해외에 나가게 된 것이다. 현대건설은 낯선 나라에서 엄청난 고생을 했다. 도로를 닦는 최신식 장비를 구입했지만 기능공들이 다룰 줄 몰라 초기에는 국내에서 가지고 간 재래식 장비로 고속도로를 닦았다. 기후와 풍속이 다른 데다 언어가 통하지 않아 애를 먹었다. 하지만 모두들 똘똘 뭉쳐 낮에는 물론 밤에 불까지 피워 놓고 열심히 일해 마무리를 지었다. 공사를 끝내고 돌아온 정주영 사장에게 박 대통령은 미안한 표정으로 말했다.

"정 사장, 이번 태국 고속도로 공사에서 손해를 많이 봤다지요?"

"각하, 손해를 보긴 했지만 좋은 경험을 얻었습니다. 이제 도로 건설 공사라면 자신 있습니다."

그 후 현대건설은 베트남과 중동의 건설 현장으로 뻗어 나갔다.

1967년 5월 박 대통령은 경부고속도로 건설 계획을 발표하고 정주영 사장과 의논했다. 박 대통령은 직접 인터체인지를 그려 가면서 고속도로 만드는 방법에 대해 얘기했다. 12월 15일, '국가 기간 고속도로 건설 계획 조사단'이 발족되어 구체적인 계획을 세웠다. 국회에서 고속도로 만들 돈을 마련하기 위한 회의를 했다. 야당 국회의원들이 소리 높여 반대했다.

"이 좁은 나라에 고속도로가 무슨 필요가 있어! 길 뚫으면 부자들이 놀러나 다니겠지."

박대통령은 반대의 목소리에 아랑곳하지 않고 고속도로가 완공되면 우리나라가 크게 발전할 거라는 꿈에 부풀어 있었다. 의원들은 논의 끝에 경부고속도로를 건설하기로 결정했다.

1968년 2월 1일, 428km의 경부고속도로 기공식이 열렸다. 몇 구간으로 나누어서 현대건설, 삼환기업, 대림토건, 삼부토건, 극동건설 등이 참여했다. 공사의 구호는 '빨리빨리!'였다. 예산을 줄이기 위해서는 빨리 공사를 마쳐야 했다.

정주영은 아예 현장에 살면서 공사를 진두지휘했다. 현장을 찾은 박정희 대통령 앞에서 정 사장이 그만 꾸벅꾸벅 졸고 말았다. 퍼뜩 정신을 차린 정 사장이 급히 사과했다.

"각하, 너무 죄송합니다."

"내가 피곤한 사람에게 말을 시켜서 미안하구만."

박 대통령이 오히려 정 사장의 손을 잡고 위로했다. 현대건설이 태국에서 쌓은 고속도로 건설 기술을 다른 회사에 가르쳐 주어 공사가 빠르게 진행됐다.

고속도로 건설을 반대하는 야당의원들이 현장에 와서 드러누워 공사를 방해했다. 그런 반대를 물리치고 1970년 7월 7일, 공사 시작 2년 반 만에 서울-부산 간 전 노선이 개통되었다.

'우리나라의 재원과 우리나라의 기술과 우리나라 사람의 힘으로 세계 고속도로 건설 사상 가장 짧은 기간에 이루어진 길'

추풍령에 이런 내용을 담은 기념비가 세워졌다. 원래 예산보다 100억 원이 더 들어 총 공사비는 430억 원이었다. 단군 이래 최대의 토목공사였다. 금강휴게소에는 고속도로 공사를 하다가 숨진 '77명의 산업 전사'에 대한 위령비가 세워졌다. 박 대통령은 이곳을 지나칠 때마다 그들을 추모했다.

10년에 걸쳐 경인, 호남, 남해, 영동, 동해, 구미, 언양 등 총 8개 고속도로를 만들었다. 우리나라 각 도시를 이 도로들이 거미줄처럼 연결했다. 돈이 모자라 국제 기준 단가에 못 미치는 공사비로 공사를 빨리 마쳤다. 그러자 고속도로 건설을 비판하던 야당에서 날림 공사라고 비난했다. 하지만 고속도로가 있어서 산업 발전에 큰 도움이 되었다.

경부고속도로 완공 10주년인 1980년 7월 7일, 신문들은 일제히 '경부고속도로 경제 효과'를 분석했다. 국가 산업과 국민 생활의 대동맥으로서 역할을 훌륭히 하고 있다고 평가했다.

우리나라 경제가 쑥쑥 자랐다. 1962년부터 1966년까지 제1차 경제개발 5개년 계획 기간에 3천400개의 공장이 건립되었다. 그 가운데 100개는 큰 공장이었다.

1964년에 1억 달러, 1967년에는 3억 달러 수출을 돌파했다. 1970년에 드디어 10억 달러 수출 목표를 달성했다. 1인당 국민 소득이 250달러를 넘어섰다. 연평균 수출 증가율이 40%에 달했다. 세계 역사상 한 번도 없었던 높은 경제 성장률이었다.

1972년 수출 18억 달러를 달성했다. 모두들 흐뭇한 미소를 지었다. 하지만 박정희 대통령은 만족하지 않았다. 박 대통령은 오원철 청와대 제2경제수석을 불렀다. 오 수석은 박 대통령이 진지한 표정을 짓자 겁이 났다. 뭔가 또 새로운 계획을 발표할 게 분명했다. 드디어 박 대통령이 입을 열었다.

"100억 달러를 수출하려면 무슨 공업을 육성해야겠나?"

오원철은 깜짝 놀라 눈을 크게 떴다. 18억 달러를 달성했으면

20억, 30억을 목표로 잡는 게 마땅한데 갑자기 100억 달러라고 하여 놀란 것이다.

"왜 갑자기 100억입니까. 그건 너무 힘듭니다."

그렇게 말하고 싶었지만 소용없을 게 뻔했다. 대신 머릿속으로 해결책을 궁리하느라 바빴다. 그때 오원철의 머리에 떠오른 것이 일본의 수출 발전 단계였다.

"각하! 일본은 1957년에 수출 20억 달러를 달성한 뒤 중화학 공업으로 전환했습니다. 10년이 지난 1967년에 일본은 수출 100억 달러를 달성했습니다. 일본 수출의 주력 상품은 기계 제품과 철강 제품입니다. 우리는 지금까지 경공업 제품을 주로 수출했습니다. 100억 달러를 수출하려면 중화학공업으로 산업 구조를 다시 짜야 합니다."

박 대통령은 고개를 끄덕이며 더 연구를 하라고 지시했다. 오원철은 부지런히 보고서를 작성했다.

"전자 제품, 선박, 철강 제품, 기계류 등 4개 품목을 집중 육성하면 50억 달러를 수출할 수 있습니다. 경공업 수출과 합치면 1980년에 100억 달러 수출이 가능합니다."

1972년에 남북한의 국력이 거의 비슷해졌다. 그해 우리나라 국민소득은 319달러였다. 박 대통령은 비서관에게 언제쯤 1천 달러가 될지 조사하라고 지시했다. 1981년에 1인당 국민소득이 1천14달러에 도달할 거라는 결론이 나왔다. 박 대통령은 전 국민에게 호소했다.

"수출 100억 달러, 1인당 국민소득 1,000달러를 위해 달립시다."

이때부터 온 나라에 '100억 달러 수출, 1,000달러 소득'이라는 구호가 울려 퍼졌다. 박 대통령은 북한을 완전히 제압하려면 100억 달러 수출이 필요하다고 생각했다.

갑작스런 10월 유신

1972년, 수출 18억 달러를 달성하여 모두들 흐뭇해했지만 박정희 대통령은 웃지 않았다. 미국은 공산주의 종주국인 중국과 손을 잡았고, 북한이 호시탐탐 우리나라를 노리는데 미군이 철수하려고 했기 때문이다. 패망 직전인 베트남을 볼 때 박 대통령은 더욱 마음이 놓이지 않았다. 박 대통령은 우리나라도 베트남처럼 될까 봐 걱정되었다. 북한 공작원들이 침투하여 좌익 사상에 물든 사람들을 흔들면 나라가 어지러워질 것만 같았다.

며칠 밤을 뜬 눈으로 새운 박 대통령은 굳은 결심을 했다. 법조인 출신 정치인들을 불러 자신의 구상을 말했다.

"새로운 국제질서 속에서 우리는 매우 위태로운 상황입니다. 그런데 우리나라는 의견이 일치되지 못해 혼란스럽습니다. 아직 우리나라는 힘이 없어요. 나라를 더욱 강하게 이끌어 가야 합니다."

이런 설명을 한 뒤 결심을 밝혔다.

"우리나라가 강해지려면 5년 정도 시간이 더 필요합니다. 경제력이나 군사력에서 북한을 앞서가려면 수출을 더욱 확대해야 합니다. 방위산업을 육성해서 무기도 만들어야 합니다. 그렇게 되려면 사회가 안정되어야 합니다. 그런데 정부가 하는 일을 반대하는 세력이 많습니다. 우리가 더욱 강해지고 모든 게 안정될 때까지 나라를 비상체제로 이끌어 나갈 계획입니다. 위기 상황에 맞는 새 헌법을 만들어 주십시오."

법학자들은 연구 끝에 비상헌법 초안을 만들었다. 한국 실정에 맞는 민주주의를 하기 위해 나라의 힘을 한곳으로 모으는 데 초점이 맞춰졌다. 특히 국민의 정치적 자유를 제한하는 내용이 들어 있었다.

무엇보다도 대통령을 선출하는 방법이 달라졌다. 국민이 직접 대통령을 뽑는 직선제를 국민을 대표하는 사람들만 모여 대통령을 뽑을 수 있게 간선제로 바꾸었다. 국민의 대표 모임을 '통일주체국민회의'라고 불렀는데 정치인은 참여할 수 없었다. 각 지역의 유지나 새마을 지도자 같은 민간 지도자들만 자격이 있었다. 선거 때마다 서로 비방하고 엄청난 자금이 낭비된다고 생각해 그렇게 정한 것이다.

새 헌법은 대통령의 임기를 4년이 아닌 6년으로 정했다. 대통령이 위기라고 판단할 때 국회의 동의를 받지 않고 긴급조치[*]를 내릴 수 있게 했다. 박 대통령은 이 헌법을 '유신헌법'이라고 이름 붙였다.

1972년 10월 17일, 박정희 대통령은 비상조치를 선포했다.

---

[*]긴급조치 유신헌법에서 국가의 안전 보장이나 공공의 안녕질서가 중대한 위협을 받거나 재정적·경제적 위기에 처했을 때 대통령이 국정 전반에 걸쳐 내리던 특별한 조치

"헌정을 중단시키고 국회를 해산하며, 정치 활동을 금지시키고 열흘 이내에 새 헌법안을 공고하며, 그 한 달 이내에 이를 국민투표에 부쳐 확정한다."

예상도 못한 강한 조치에 모두들 깜짝 놀랐다. 영문을 알 수가 없었다. 며칠 후 특별 담화문이 발표되었다.

"능률을 극대화하여 국력을 조직화하고, 안정과 번영의 기조를 굳게 다져 나감으로써 민주주의 제도를 우리에게 가장 알맞게 토착화시킬 수 있는 올바른 규범임을 확신합니다."

갑자기 헌법이 바뀌자 반대하는 사람들이 많았다.

"유신헌법은 박 대통령이 영구 집권을 하기 위해 만든 것이다."

"국민의 자유를 억압하는 악법이다."

사람들은 박 대통령이 계속 대통령이 되고 싶어 '10월 유신'을 단행했다고 생각했다. 박 대통령은 그동안 대통령에 세 번 당선되었다. 그 당시 헌법에는 대통령을 세 번 이상 할 수 없게 되어 있었다.

"새 헌법을 즉각 폐기하라!"

야당 정치인들이 목소리를 높이고 일부 대학생들도 데모를 했다. 신문에서는 유신헌법의 문제점을 비판했다.

박 대통령은 혼란이 확대되는 걸 막기 위해 10월 17일에 계엄령을 선포했다. 그리고 유신헌법을 국민투표에 부쳤다. 국민들이 반대표를 많이 찍으면 유신헌법을 폐기하고 박 대통령도 자리에서 물러날 각오를 했다.

11월 21일 국민투표를 실시했다. 결과는 유권자의 91.9%가 참여한 투표에서 91.5%가 찬성한 것으로 나타났다. 그동안 나라를 발전시킨 대통령을 믿는다는 뜻이었다. 이렇게 국민들의 지지가 높게 나오자 유신헌법을 반대하던 목소리도 줄어들었다.

새 헌법에 따라 대통령 선거를 다시 했을 때 박 대통령이 제8대 대통령으로 선출되었다. 제4공화국이 시작된 것이다.

10월 유신을 반대하는 사람들이 여기저기서 시위를 했다. 경찰이 반대하는 사람들을 잡아서 감옥에 가두었다. 그러자 박 대통령에 대한 원성이 높아졌다. 박 대통령은 그런 반대에 아랑곳하지 않고 앞만 보고 달려 나갔다.

1973년 10월 6일에 원유가 가장 많이 나오는 중동 지역에서 석유 파동이 일어났다. 산유국들이 원유 생산을 줄이고 값을 올리자 나라에 비상이 걸렸다. 중화학공업 발전을 위해 온힘을 기울이고 있을 때여서 더 큰 문제였다. 가로등과 네온사인 끄기, 한 집에 전등 한 등 끄기 운동이 벌어졌다. 텔레비전 방송 시간을 줄이고 목욕탕 영업 시간도 단축되었다. 청와대도 에어컨을 끄고 변기에 벽돌을 넣어 물 소비를 줄였다.

그런 절약만으로는 한계가 있었다. 경제 개발을 하기 위해서는 석유가 많이 필요한데 우리나라에 딱 한 달 쓸 양밖에 없었다. 경제개발이 모두 중단될 위기에 처했다. 그때 반가운 소식이 들려왔다. 중동 산유국에서 원유값을 올린 덕분에 달러가 넘치자 그 돈으로 토목공사를 벌인다는 것이었다. 베트남전쟁을 통해 기술력을 다진 우리나라는 세계 제일의 토목공사 실력을 갖추고 있었다.

"곧 중동에 조사단을 파견하고, 우리나라 건설사들이 진출할 수 있는 길이 있는지 알아보시오."

박 대통령은 중동에서 토목공사를 하면 외화도 벌고 원유를 수입할 길도 열릴 거라고 기대했다. 그런데 조사단이 매우 실망스러운 보고를 했다.

"중동 지역은 비가 오지 않아 먹을 물도 귀하고 종교 문제로 술도 마시면 안 된답니다. 한국 기술자들이 일하기 힘들겠습니다."

낮에 땡볕 아래 땀 흘려 일하고 저녁에 시원한 맥주도 한 잔 못 마신다면 일하기 힘들 게 뻔했다. 박 대통령이 포기하려고 할 때 현대건설의 정주영 사장이 찾아왔다.

"우리 회사는 그런 거 아무 문제도 안 됩니다. 술을 안 마시면 돈도 절약되고 물은 바닷물을 끌어다가 민물로 정화해서 쓰면 됩니다."

"정 사장, 정말 그렇게 할 수 있겠소?"

"걱정 마시고 보내만 주십시오. 열심히 하겠습니다."

정 사장의 자신만만한 목소리에 사절단을 중동으로 보냈다. 태권도 교관도 같이 갔다. 사우디아라비아에 간 한국 사절단은 왕족과 정부 관리를 초청하여 한국의 토목 기술에 대한 설명회를 열었다. 그에 앞서 태권도 시범을 보여 주었다. 교관들이 맨주먹으로 여러 장의 벽돌을 깨는 것을 보고 모두들 감탄했다. 이들의 용맹한 모습에 사우디아라비아 왕족들은 교관들을 경호원으로 쓰면 좋겠다고 생각했다.

이를 계기로 협상이 잘 되어 토목공사 사업권을 따 냈고 미국을 거치지 않고 원유를 바로 살 수 있게 되었다. 또한 우리나라 건설 회사들이 도시 건설과 도로·항만 공사를 하여 많은 돈을 벌어들였다. 또 시멘트, 철근, 페인트, 알루미늄 새시 같은 우리나라 제품을 수출했다.

중동에 나간 건설 일꾼이 14만 명이나 되었다. 유럽의 기술자들도 많이 와 있었는데, 그들은 기온이 1도만 더 올라가도 일을 하지 않았다. 하지만 우리나라 기술자들은 밤에 횃불까지 밝혀 가며 일해 반드시 정해진 날짜에 공사를 끝냈다. 중동에서는 '코리아, 넘버원!' 이라며 더 많은 일거리를 주었다. 더 이상 보낼 기술자가 없어 공업고등학교를 바로 졸업한 젊은이들까지도 중동에 가서 일했을 정도였다.

에너지 위기가 해소되자 제3차 경제개발 5개년 계획이 다시 활기를 띠게 되었다.

아! 육영수 여사

1974년 8월 15일 오전 10시, 서울 장충동 국립극장에서 광복 29주년 기념식이 거행되었다. 국민의례가 끝나고 박 대통령이 단상에 올라 연설을 시작했다. 단상

위 의자에는 한복을 입은 육영수 여사와 정부 요인들이 앉아 있었다. 박 대통령이 남북화해와 평화통일을 위한 방안에 대한 연설하고 있을 때였다.

"탕, 탕!"

두 발의 총성이 울렸다. 박 대통령은 재빨리 연설대 뒤로 몸을 숨겼다. 무대에 있던 경호실장이 권총을 뽑아 들고 뛰어 나왔다. 무대 아래 있던 경호원들도 권총을 쏘며 일어섰다. 기념식장은 순식간에 아수라장이 되었다. 객석 뒷자리에서 범인이 경호원에게 붙잡혀 끌려 나갔다.

겨우 정리가 되어 다들 고개를 들었을 때 단상에 앉아 있던 육영수 여사의 고개가 옆으로 기울어져 있었다. 한복 저고리가 피로 물든 육 여사를 급히 병원으로 옮겼다. 박 대통령은 다시 단상에 서서 침착하게 연설을 끝냈다.

서울대학병원으로 후송된 육영수 여사는 여섯 시간이 넘는 대수술을 받았다. 하지만 매우 위중한 상태였다. 육 여사의 신발과 핸드백을 챙겨 병원으로 온 박 대통령은 아내를 20분 넘게 물끄러미 바라보다 돌아갔다. 박 대통령이 떠나고 잠시 뒤 새빨간 노을이 하늘을 뒤덮었다. 그 순간 육 여사가 세상을 떠났다. 49

세의 아까운 나이였다.

저녁 7시 30분쯤 육영수 여사를 청와대로 옮겼다. 그날 밤 청와대에서 병원으로 유류품을 보내 달라고 연락했다. 병원 직원들이 경황이 없어 육 여사의 옷을 쓰레기통에 버린 뒤였다. 옷을 찾아 낸 간호사들은 육 여사의 옷을 보고 울음을 터뜨렸다. 한복 치마를 풍성하게 만드는 속치마에는 몇 번씩이나 기워 입은 흔적이 있었다.

한복을 맞출 때 대개 속치마까지 같이 주문한다. 하지만 육 여사는 겉치마만 맞추고 속치마 하나를 계속 기워서 입었던 것이다. 손수 꿰맨 손바느질 흔적을 보고 모두들 깊은 감동을 받았다.

범인은 문세광이라는 이름의 재일 교포 청년이었다. 그는 일본에서 태어나 자랐는데, 북한의 지령에 따르는 일본 내 재일 교포 조직인 조총련의 꼬임에 빠져 엄청난 범죄를 저질렀던 것이다.

육영수 여사는 만석꾼 집안에서 고이 자랐다. 가난한 군인의 아내가 되어 검소하게 살면서 갖은 고생을 다 했다. 청와대 안주인이 된 뒤에는 남편인 박 대통령의 잘못된 점을 지적하고, 반대하는 사람들의 의견도 전했다. 박 대통령에게 의지가 되면서 견제를 해 주던 동반자였던 셈이다.

영부인이 된 후 퍼스트레이디First lady로서의 역할을 훌륭하게 해 냈다. 해외순방 때는 주한 대사들을 만나 외교사절로 활약했다. 대통령이 나라 일로 바쁘게 움직일 때 육 여사는 한쪽에서 조용히 사랑을 베풀었다. 가난한 사람들과 아픈 사람들을 찾아가서 위로했다. 특별히 사람들이 가까이 가기를 꺼려하는 한센병* 환자들의 손을 잡으며 위로해 주었다. 양지회라는 봉사 단체를 만들어 돼지 농장도 운영했다. 거기서 나오는 수입을 한센병 환자 치료비로 지원했다. 적십자사에 나가 불우이웃과 국군들에게 보낼 위문품 주머니도 손수 만들고, 청와대에서 일하는 청소원들에게도 잊지 않고 선물을 챙겨 주었다.

특별히 어린이를 사랑하여 육영재단을 설립했다. 〈어깨동무〉라는 잡지를 만들어 전국의 외딴 학교 어린이들에게 매달 보내 주었다. 서울 능동에 우리나라에서 처음으로 어린이를 위한 대공원을 만들었다. 부산 어린이회관에는 육영수 여사가 쓴 '웃고 뛰놀자, 그리고 하늘을 보며 생각하고 푸른 내일의 꿈을 키우자' 라는 휘호가 걸려 있다. 어린이에 대한 사랑과 기대가 남달랐던 육영수

*한센병 옛날에는 나병, 문둥병이라고도 했으며 피부가 겉에서부터 썩어 들어가는 질병이다.

여사의 마음이 고스란히 전해진다.

  육영수 여사의 이런 활동으로 국민들로부터 존경을 한 몸에 받았다. 박정희 대통령을 싫어하는 사람들까지 육영수 여사를 좋아했다. 그래서 육 여사가 서거했을 때 모든 국민이 슬퍼했다.

  박 대통령은 아내를 늘 그리워하며 마음 아파했다. 바빠서 잘해 준 것이 없다며 자주 눈물을 보였다. 육 여사는 근혜, 근영, 지만 세 자녀를 살뜰히 보살핀 어머니였다. 박 대통령은 아내를 잃은 마음을 이런 시로 표현했다.

이제는 슬퍼하지 않겠다고
몇 번이나 다짐했건만
문득 떠오르는 당신의 영상
그 우아한 모습
그 다정한 목소리
그 온화한 미소
백목련처럼 청아한 기품
이제는 잊어버리려고 다짐했건만
잊어버리려고 하면 더욱 더
잊혀지지 않는 당신의 모습

당시 스물두 살이던 큰딸 근혜는 서강대학교 전자공학과를 수석으로 졸업하고 프랑스로 유학을 갔다. 갑자기 어머니가 세상을 떠나자 6개월 만에 귀국했다. 어머니를 대신해 5년 동안 퍼스트레이디로 활동하면서 아버지와 함께 해외순방도 하고 각종 봉사도 이어서 했다.

아버지까지 서거하자 근혜는 부모님의 추모사업을 하면서 많은 책을 읽고, 작가가 되어 책을 펴내기도 했다. 영어, 프랑스어, 스페인어를 잘했던 근혜는 청와대에서 나온 후 중국어를 열심히 공부했다.

조용히 지내는 근혜에게 정치를 하라는 권유가 많았지만 다 거절했다. 외환위기로 나라가 어려워지자 '나라가 흔들리는데 혼자만 편하게 산다면 나중에 부모님을 떳떳하게 뵐 수 있을까' 라는 생각이 들어 1998년 정계로 진출했다. 국회의원에 4번 당선되었고 2004년에 당 대표가 되었다. 당이 어려울 때마다 나서 여러 차례 선거를 승리로 이끌어 '선거의 여왕' 이라는 별명을 얻었다.

박근혜는 2012년 제18대 대통령 선거에서 승리해 최초의 여성대통령이 되었다. 33년 만에 청와대로 돌아가는 그녀는 아버지처럼 나라를 위해 열심히 일하겠다는 각오를 밝혔다.

4 한강의 기적을 이룩하다

농업 국가에서 공업 국가로

1960년대 초반, 우리나라는 농업 국가였다. 우리가 만든 전자 제품은 거의 없었다. 지금 LG로 이름을 바꾼 금성사에서 라디오를 생산하는 게 고작이었다. 김해수라는 엔지니어가 만든 '금성 A-501' 라디오는 외국 제품에 비해 손색이 없고 값도 쌌다. 게다가 국산부품을 60%나 사용했다. 하지만 사람들은 밀수꾼들이 외국에서 몰래 들여온 밀수품 라디오를 샀다.

1961년 가을, 선글라스를 낀 키 작은 남자가 금성사를 방문했다. 경비실 수위가 황급히 철문을 열었다.

"예고 없이 와서 미안합니다. 라디오 공장을 좀 보러 왔습니다."

라디오를 개발한 김해수는 박정희 의장이 들어서자 깜짝 놀랐다. 박 의장은 "기계 시설은 어느 나라 것이냐, 부품 국산화율은 어느 정도인가, 설계는 누가 했나?" 등등 여러 가지 질문을 했다. 김해수 과장은 자세한 설명을 한 뒤 박 의장에게 하소연했다.

"아무리 좋은 제품을 만들면 뭐 합니까? 광복동의 밀수품 가게 탓에 국산 라디오가 팔리지 않습니다."

"김 과장, 기운 내시오. 좋은 일이 있을 거요."

박 의장은 김 과장의 등을 두드려 주었다.

일주일 후 밀수품 근절에 관한 최고회의 포고령이 내렸다. 정부가 앞장서서 농어촌 라디오 보내기 운동도 전개했다. 금성사 전화통에 불이 났다.

"빨리 라디오 좀 보내 주세요."

금성사 직원들은 땀을 뻘뻘 흘리며 라디오를 만들며 기뻐했다. 그 무렵 전국에 30만대 가량이던 라디오 보급대수가 2년 뒤 100만 대를 돌파했다. 대부분 금성사 제품이었다. 1969년 삼성전자도 흑백 TV와 냉장고, 세탁기 등을 만들기 시작했다. 1978년 LG전자는 가전 회사 가운데 최초로 수출 1억 달러를 달성했다.

박정희 대통령은 다방면에 지식이 많았다. 잘 모르는 사안에 관해서는 전문가의 의견을 충분히 들었다. 해외에서 활동하는 유명한 박사들도 초청했다.

"우리나라 공업이 발달하려면 어떤 투자를 해야 할까요? 박사님의 의견을 듣고 싶습니다."

박사들은 이런 의견을 들려 주었다.

"전자 산업과 세라믹 산업을 육성해야 합니다. 이 산업들은 사람이 많아야 성공할 수 있습니다. 노동력이 많은 우리나라에 유리합니다."

"전자 공업을 육성하면 수출을 많이 할 수 있습니다."

박 대통령은 지식이 쌓이고 확신이 서면 정책을 집행했다. 1967년에 의견을 종합하여 전자 산업을 한국의 중점 산업으로 육성하겠다는 방침을 세웠다. 당시 많은 언론과 정치인이 텔레비전 보급을 반대했다. 비싼 사치품이어서 안 된다고 한 것이다. 그만큼 전자 산업에 무지한 시절이었다.

정부의 담당 부서인 상공부에서는 "라디오와 TV를 집중 육성하여 수출하자. 전자 제품에 들어가는 부품을 국산화하자. 중요 부품을 수입해 조립만 하면 아무리 많이 팔아 봐야 남는 게 없다."는 결론을 내렸다.

전자 산업을 발전시키기 위해 구미에 '전자수출공단'을 조성

했다. 1974년에 컬러 텔레비전을 최초로 조립 생산했다. 1977년에는 삼성전자와 금성사가 잇달아 텔레비전 국산화에 성공했다. 이것이 한국 전자산업의 출발이다. 오늘날 우리나라가 IT 세계 일류 국가로 꼽히게 된 계기는 사실상 박정희 대통령 시절에 마련되었다.

좋은 물건을 만들어도 잘 팔지 못하면 소용이 없다. 박 대통령은 밤낮없이 수출을 많이 하는 방법을 연구했다. 그때 갑자기 세지마 류조라는 이름의 일본인이 떠올랐다. 일본 육군사관학교 1년 선배인 그는 일본에서 최고로 꼽히는 종합상사의 부회장이었다. 종합상사는 '버터에서 미사일까지' 모든 영역에 걸친 상품을 대규모로 판매하는 회사이다. 박 대통령은 그를 청와대에 초청했다.

"우리나라도 종합상사를 설립하면 100억 달러 수출이 가능할까요?"

박 대통령의 질문에 그는 가능하다고 답한 뒤 종합상사에 관한 많은 정보를 주었다.

박 대통령은 1975년 4월 30일 '종합무역상사 지정 지침'을 발표했다. 종합상사는 수출할 때 세금이나 금융에서 많은 혜택을 받았다. 삼성그룹이 국내 최초로 종합상사를 설립했다. 이어 현대, 대우 등 대기업들이 뒤를 이었다. 한국의 종합상사원들이 전 세계를 뛰면서 한국 제품을 팔기 시작했다.

철을 생산하다

1966년에 박정희 대통령은 미국을 방문하여 피츠버그 철강단지를 시찰했다.

"우리나라에도 이런 대형 제철소를 지어야 해."

박 대통령의 머리에는 온통 그 생각뿐이었다. 박 대통령은 박태준을 만났다. 육사 교수 시절 탄도학을 가르칠 때 수학을 가장 잘해 특별히 아끼는 제자였다.

"철은 산업의 쌀이야. 쌀이 있어야 밥을 해 먹지 않겠나? 그러니 자네가 제철소를 하나 지어 줘야겠어."

"저는 그럴 능력이 없습니다. 너무 큰일이라……."

"나는 임자를 잘 알아. 이건 아무나 할 수 있는 일이 아니야.

어떤 고통을 당해도 국가와 민족을 위해 자기 한몸 희생할 수 있는 인물만이 할 수 있어. 아무 소리 말고 맡아!"

박태준은 박 대통령의 의지가 매우 강하다는 걸 알고 무조건 하기로 결심했다. 여러 나라를 돌면서 철강 산업 전문가들을 만났다. 힘들게 설득하여 도와주겠다는 약속을 받아 냈지만 사람들이 하루아침에 돌아서 버리기 일쑤였다.

"한국의 종합 제철소 건설 자금을 지원할 수 없습니다."

아무리 설득해도 이런 대답만 돌아왔다. 세계은행IBRD의 선임 연구원인 자페 박사의 보고서 때문이었다.

'한국에 제철소를 건설해 봐야 돈만 많이 들지 이익을 내기 힘들다.'

미국에 가서 여러 사람을 만났지만 역시 돈을 빌릴 수 없었다. 박태준은 하와이 백사장을 거닐며 눈물을 흘렸다. 몇 년 간 노력했으나 결실이 없었기 때문이다. 그때 그의 머리에 섬광처럼 스치는 생각이 있었다.

'대일청구권 자금 3억 달러 중에서 아직 1억 달러가 남아 있다!'

일본이 우리나라에 배상해 주기로 한 돈이었다. 박태준은 벌떡 일어나 박 대통령에게 전화를 걸었다.

"대일청구권 자금이 1억 달러 가량 남아 있는데 그걸로 제철소를 건설하면 안 되겠습니까?"

"좋아, 기막힌 아이디어로군. 바로 일본으로 가게."

박 대통령은 그 제안을 즉시 수락했다. 박태준은 하와이에서 바로 도쿄로 날아갔다. 박태준은 일본 관리를 만나 제철소에 관해 열심히 설명했다. 하지만 일본 관리는 고개를 가로저었다.

"절대 안 됩니다. 이 돈은 농업 이외의 용도로 쓰면 안 됩니다. 우리 국회에서 그렇게 논의했습니다."

또 다른 관리는 '한국은 제철소를 지을 능력이 없다'며 반대했다. 박태준은 일본 철강 협회 위원들을 만나 관리들을 설득해 달라고 부탁했다. 철강 위원들이 관리들을 만나 겨우 통과가 되었다. 다 된 줄 알았는데 갑자기 일본 정부의 담당 장관이 용도를 바꿀 수 없다며 반대하고 나섰다.

"지금 우리나라에 철강 회사가 반드시 필요합니다. 한 번만 도와주세요."

박태준은 그 장관을 몇 번이나 만나서 부탁했다.

"산업화의 첫 단계는 농업 자립화입니다. 한국은 비료 공장과 농기계 공장을 세워 먼저 농업부터 일으켜야 세워야 합니다."

고집을 꺾지 않는 그에게 박태준도 지지 않고 목소리를 높였다.

"제철소 건설의 목표는 국가 안보입니다. 북한이 늘 한국을 노리고 있습니다. 안보를 고려할 때 제철소가 반드시 필요합니다. 한국이 공산화되면 일본도 위험합니다."

박태준의 말에 결국 반대하던 장관도 고집을 꺾었다. 일본 3대 철강회사의 협조 각서까지 받은 뒤 대일청구권 자금을 받아왔다.

그 돈으로 포항제철을 짓기 시작했다. 하지만 공장을 지어도 기술이 없으면 철을 만들 수가 없다. 박태준은 일본의 유명 철강회사를 찾아가 기술을 가르쳐 달라고 부탁했다.

"기술을 가르쳐 줬다가 한국이 잘 되면 우리가 뒤통수 맞습니다."

"이제 시작하는데 그렇게 될 리가 있겠어요? 저렇게 부탁하는데 조금만 가르쳐 줍시다."

"안됩니다. 한국 사람들 똑똑해서 금방 배웁니다. 그러면 나중에 골치 아파져요."

일본 사장들은 박태준이 자꾸 찾아오자 일부러 휴가를 떠나 버렸다. 박태준은 휴가지까지 따라가서 간곡히 머리를 숙였다.

"우리는 이제 시작하는데 언제 일본을 따라갑니까. 한 번만 도와주세요."

"어허, 안 되는데……. 이 사람 정말 집요하군. 그래도 안 돼요. 기술은 가르쳐 줄 수 없어요."

박태준이 더욱 간절히 매달리자 결국 세계 최대의 제철 회사인 '신일본제철'이 기술을 가르쳐 주기로 했다. 1970년 4월 1일 착공식 치사에서 박태준은 큰 소리로 외쳤다. 일본에서 어렵게 받은 보상금으로 지은 제철소여서 꼭 성공해야 한다는 각오에 불탔다.

"대일청구권은 선조들의 피의 대가입니다. 제철소 건설에 실패하면 우리는 모두 죽어 마땅합니다. 공사 기일을 맞추지 못하면 저 오른쪽에 보이는 영일만 바다에 빠져 죽어야 합니다."

그만큼 열심히 하자는 의미였다. 건설 요원들은 밤낮없이 공사에 열중했다. 박정희 대통령은 무려 열세 번이나 현장을 찾았다. 잘 되고 있는지, 문제점은 없는지 보고 받아 해결할 수 있게 해 주었다.

 1973년 6월 9일, 드디어 점화로에 불을 붙였다. 모두들 그 장면을 가슴 두근거리며 지켜보았다. 어느덧 21시간이 지났다. 포항제철 제1고로에서 쇳물이 콸콸 쏟아져 나왔다.

 "만세, 만세, 우리가 해냈어. 대한민국이 철을 생산하는 나라가 됐어!"

 모두 감격하여 붙잡고 흐느꼈다. 마침내 우리 손으로 제철소

를 세운 것이다. 1천 215억 원의 공사 비용이 들어 단일 사업으로서는 단군 이래 가장 큰 공사였다. 그 해 7월 3일, 포항제철은 조강생산 능력 103만 톤 규모인 제1기를 준공했다.

철 생산을 시작한지 단 1년 만에 그동안 투입된 외국 자본을 모두 갚고도 돈이 남았다. 포항제철의 첫해 흑자는 242억 원이었다. 1986년에 박태준은 「한국에서는 제철소 건립이 불가능하다」는 보고서를 쓴 자페 박사를 만났다.

"그때 세계은행IBRD에서는 당신이 제출한 보고서 때문에 포항제철에 대한 차관을 취소하고 그 돈을 브라질에 주었다고 들었습니다. 이제 18년이 지났습니다. 아직도 당시의 판단이 옳았다고 생각하십니까?"

포항제철이 세계적인 철강 회사로 우뚝 선 마당이라 자페 박사는 미안한 표정을 지었다.

"그때의 내 보고서가 잘못됐다고 보지는 않습니다. 지금 보고서를 쓰라고 해도 똑같이 쓸 것입니다. 하지만 내가 모르고 지나친 것이 하나 있더군요. 그것은 바로 당신입니다. 내가 잘못 판단한 것이 아니라 당신과 포항제철이 기적을 일으킨 것입니다."

불가능한 상황에서 박정희 대통령과 박태준, 포항제철 직원들이 기적을 이루었다.

　포스코로 이름을 바꾼 포항제철은 이후 한 번도 적자를 낸 적이 없다. 세계 굴지의 철강 회사로 성장한 포스코는 이제 세계의 여러 회사에 제철 기술을 가르쳐 주고 있다.

　포스코 역사관에는 박 대통령이 쓴 '철강은 국력'이라는 휘호가 걸려 있다. 대한민국은 세계 5대 철강 대국이 되었다. 철강 산업을 바탕으로 우리나라의 조선, 가전, 자동차 산업이 세계 최정상에 우뚝 섰다.

배와 자동차를 만들다

세계적으로 부강한 나라들은 대부분 조선 산업에 일찍 뛰어들었다. 배를 만들기 위해서는 사람이 많이 필요하다. 노동력이 풍부한 우리나라에 유리한 산업이다. 박정희 대통령은 현대건설 정주영 사장을 불렀다.

"정 사장, 배를 만들어 보시오."

"배를 만들 돈도 없고, 기술도 없습니다. 그건 정말 힘든 일입니다."

정 사장이 난처한 표정을 지었다.

"정 사장은 뭐든 한다면 하는 사람 아니오? 이번에도 나서 보시오."

박 대통령의 말에 정 사장은 더 이상 대꾸를 못하고 청와대를 나왔다.

정주영 사장은 돈을 빌려 주고 기술도 가르쳐 줄 회사를 찾기 위해 일본, 캐나다, 미국을 방문했다. 다들 정 사장 앞에서 코웃음을 쳤다.

"한국 같은 후진국에서 조선소를 만들겠다고? 꿈도 크구려.

허허, 포기하시오."

정주영 사장은 힘없이 국내로 돌아왔다. 박 대통령을 만나 조선소를 포기하겠다고 말했다. 하지만 박 대통령은 뜻을 굽히지 않았다.

"조선 산업은 우리나라에 꼭 필요한 사업이오. 대통령이 자존심을 걸고 추진하려는데 기업이 무시한다는 건 국가를 무시하는 일이오. 조선소를 만들지 않겠다면 앞으로 현대가 하는 일에 일체 도움을 주지 않겠소."

좀처럼 화를 내지 않는 박 대통령의 목소리가 떨렸다.

"알겠습니다. 다시 열심히 뛰어 보겠습니다."

박 대통령의 얼굴이 그제야 밝아졌다.

"열심히 해 보시오. 당신은 꼭 해낼 수 있을 거요."

박 대통령은 정 사장의 어깨를 두드려 주며 격려했다.

영국으로 간 정주영은 버클레이 은행의 은행장을 만났다. 조선 산업에 대해 설명하고 차관을 제공해 달라고 부탁했다.

"우리가 뭘 믿고 돈을 빌려 주겠소? 조선 산업은 함부로 할 수 없는 사업이오."

버클레이 은행장의 말에 정주영 사장은 자존심이 상했다. 숙소로 돌아온 정 사장은 무시당한 것이 분하기만 했다. 잠도 자지 않고 골똘히 궁리한 정 사장이 다음 날 다시 은행으로 찾아갔다. 은행장은 정 회장을 못마땅한 표정으로 바라보았다. 정 회장은 500원짜리 지폐를 꺼냈다.

"이게 한국의 지폐입니다. 이 돈에 그려진 배가 거북선입니다. 우리나라는 이미 500년 전에 이런 배를 만들었소. 이 배 한 척으로 우리나라 이순신 장군이 수백 척이나 되는 일본 배를 모

조리 무찔렀소."

버클레이 은행장은 지폐 속의 거북선을 들여다보더니 미소 지었다.

"한국 조선 공업의 역사가 상당히 오래 됐군요. 돈을 빌려 드리겠소. 단, 당신이 만든 배를 누군가가 사겠다는 계약서를 갖고 와야 돈을 내주겠소."

정주영은 웃을 수도 울 수도 없는 표정으로 알았다고 대답했다.

무슨 수를 쓰든 배를 사 줄 사람을 찾아야 했다. 세계에서 가장 배를 많이 발주하는 사람이 누군지 알아보았다. 그리스의 해운업자 리바노스였다. 정주영은 바로 그리스 아테네로 날아갔다. 1972년 2월, 정주영 사장은 여기저기 수소문하여 겨우 리바노스를 만났다.

"영국 버클레이 은행에서 돈을 빌리기로 했는데, 당신이 배를 사겠다는 계약서만 써 주면 가능합니다. 배 한 척만 발주해 주십시오. 그러면 원하는 배를 만들어 드리겠습니다."

함께 간 부하 직원은 리바노스가 배를 만들 공장이 어디 있는지 물을까 봐 안절부절못했다. 아직 울산 바닷가에는 모래바람만 불고 있었기 때문이다.

세계에서 1, 2위를 다투는 이 해운업자는 첫눈에 정주영이 보통 사람이 아닌 걸 깨달았다. 작은 나라에서 온 배짱 좋은 사나이가 어쩐지 마음에 들었다.

"당신의 용기를 높이 사겠소. 좋소! 한 척이 아니라 두 척을 만들어 주시오."

정주영은 기뻐서 펄쩍펄쩍 뛰며 감사 인사를 했다. 26만 톤 급 초대형 원유 운반선 두 척을 건조하게 된 것이다.

정 사장은 계약서를 들고 영국으로 다시 날아갔다. 은행장은 믿을 수 없다는 표정으로 고개를 절레절레 흔들었다.

"리바노스가 과연 통이 크군. 아니 당신 정말 대단하오. 우리 은행에서 4천3백만 달러를 빌려 주겠소."

정주영은 한국으로 돌아와서 바로 박정희 대통령을 만났다. 박 대통령은 어린아이처럼 기뻐했다.

"드디어 우리나라가 배를 만들 수 있게 되었군요. 나는 정 사장이 해낼 줄 알았다니까. 큰일 했소. 자, 이제 울산으로 내려가서 배를 만드는 데 전력투구 해 주시오."

"알겠습니다, 각하!"

정주영은 그 길로 울산으로 갔다. 허허벌판에 조선소를 짓기 시작했다.

"아이고, 저 사람 너무 허황된 거 같아. 종이배나 나룻배 만드는 것도 아니고 엄청나게 큰 유조선을 만든다니! 도깨비 방망이로 '배 나와라 뚝딱' 할 건가?"

"내가 배를 좀 아는데 말이야. 배를 만들려면 철강 기술이 있어야 하고 터빈을 제조할 수 있어야 돼. 그런 다음 그 안에다 고층 빌딩을 지어야 한다고. 아무 기술도 없으면서 어떻게 하겠다는 거야."

사람들이 수군거리는 걸 알고 있는 정주영은 씩씩하게 말했다.

"배가 별 건가? 배 위에다 빌딩 하나 짓는 거지. 뭐든 최선을 다하면 돼."

1973년에 드디어 현대중공업의 모태인 현대조선소를 완공했다. 곧바로 리바노스가 발주한 26만 톤급 원유 운반선 두 척을 만들었다. 계약 기간보다 딱 이틀 더 걸려서 완성했다.

어느덧 현대중공업은 세계 제1의 조선 회사가 되었다. 박 대통령의 집념과 정주영 회장의 추진력이 한국을 세계 1위의 조선

국가로 만든 것이다.

1975년에 우리 기술로 처음 현대자동차 '포니'를 만들었다. 그 이듬해 에콰도르에 여섯 대를 판 것이 최초의 수출 기록이다. 사실 1960년부터 자동차를 만들기는 했다. 하지만 주요 부품을 일본에서 수입해 껍데기만 만드는 수준이었다. 1969년에 박정희 대통령은 부품을 국산화하라고 지시했다. 5년 만인 1974년에 100% 국산화가 이루어졌다.

포니를 만들어 국제 자동차 박람회에 출품하자 세계인이 놀랐다.

"일본에 침략당한 데다 전쟁까지 치른 한국이 자동차를 생산한다고?"

"코리아의 기술만으로 자동차를 생산했다고? 만만하게 볼 나라가 아닌걸."

박람회를 구경하는 다른 나라 사람들이 이런 이야기를 주고받았다. 그렇지만 우리나라가 세계적인 자동차 대국이 될 거라고 생각하는 사람은 많지 않았다.

박 대통령은 일찌감치 온 국민이 자동차를 타는 마이카 시대를 꿈꾸었다. 어느 날 예고 없이 기아자동차를 방문했다. 1970년대 중반에 국민차 한 대 값이 150만 원이었다.

"좀 더 싸게 할 수 없나? 값이 싸야 서민들이 살 수 있지 않겠는가. 95만 원 선에서 생산할 수 없겠는가?"

박 대통령의 권유에 좀 더 싼 값의 차를 생산하려고 노력했다. 그 덕분에 1980년대가 되면서 집집마다 자동차를 갖게 되었다. 마이카 시대가 시작된 것이다. 국내 자동차 소비가 늘고 해외 자동차 수출이 증가하면서 자동차 산업이 점점 더 발전했다. 현재 우리나라는 세계 5대 자동차 생산 국가로 우뚝 섰다.

우리 힘으로 만든 탱크

1968년 1월 21일, 군복을 입은 사람들이 서울 세검정의 자하문을 지나고 있었다. 조금만 더 내려가면 청와대로 접어드는 길이 보이는 곳이었다. 불안한 눈빛으로 이곳저곳을 쳐다보는 군인들이 어딘가 수상해 보였다.

"어느 부대 소속이요?"

경찰이 그들을 막고 불심검문을 하자 갑자기 그 사람들이 수

류탄을 던지며 기관단총을 마구 쏘았다. 경찰이 총에 맞아 숨지고 말았다. 그들은 지나가던 버스에도 수류탄을 던져 시민들이 많이 다쳤다. 그 자들이 산으로 도망가기 시작했다. 결국 그들 중 30명은 사살하고 한 명만 생포했다. 그들은 놀랍게도 북한에서 침투시킨 무장공비들이었다.

북한의 특수부대인 124군 부대 소속 31명의 무장공비들은 박정희 대통령을 노리고 청와대를 향해 잠입하던 중이었다. 무장공비가 휴전선을 넘어 서울까지 왔다는 사실에 국민들은 경악했다. 곧이어 울진·삼척 지구에도 공비가 침투했다. 북한은 6·25 전쟁이 끝나고 휴전을 했는데도 계속 우리나라를 공격했다. 그런 불안한 상황에 주한 미군 일부 병력이 한국을 떠났다.

"우리 무기를 갖고 우리 힘으로 우리나라를 지켜야 해!"

박정희 대통령은 각오를 단단히 다졌다.

1971년 11월 11일 국방과학연구소에 박 대통령의 밀명이 떨어졌다.

"총포, 탄약 등 재래식 무기와 주요 군수 장비를 4개월 이내에 국산화하라."

그동안 대부분의 무기는 외국에서 수입해 왔기 때문에 모두들 우리 힘으로 무기를 만들어야 한다는 각오를 다졌다. 그렇지만 4개월은 너무 짧은 기간이었다. 대통령의 명령이니 거역할 수가 없었다. 이 명령은 '번개사업'이라는 이름 아래 곧바로 실행에 옮겨졌다. 무기 생산은 금속, 기계, 전기, 전자, 화공 산업이 모두 발달해야 가능하다. 또한 무기 만드는 기술이 필요하다. 모두 부족했지만 무조건 시작했다.

국내 과학계의 핵심 인사들이 부문별로 책임을 맡았다. 총책임자는 청와대의 오원철 수석비서관이었다. 모두들 성탄절은 물론 설날에도 집에 가지 않고 연구에 몰두했다. 그로부터 불과 5개월 후에 카빈소총, 수류탄, 대전차로켓포, 81밀리 박격포를 만들었다. 14개월 후에는 105밀리 곡사포로 화력 시험을 했다.

"음, 기대했던 것 이상으로 훌륭해!"

화력 시험을 참관한 박정희 대통령은 망원경으로 보면서 포탄이 목표에 명중할 때마다 기뻐했다.

"별일이네. 왜 땅에서 김이 올라오지?"

서부 전선 비무장지대에서 아침 해가 떠오를 때면 풀에 덮인 골짜기에서 김이 무럭무럭 올라왔다. 이상하게 여긴 군인들이 수색하려고 하자 북한 측 초소에서 마구 총을 쏘았다. 비무장지대는 총을 쏘지 않기로 약속한 곳인데 과잉 반응하는 걸 보니 여간 수상한 게 아니었다. 군부대에서 북한군 몰래 산 뒤쪽에서 북으로 굴을 뚫고 들어갔다. 한참 파들어 가자 갑자기 앞이 뻥 뚫리며 터널이 나타났다.

1974년 11월 15일에 북한이 판 땅굴이 발견된 것이다. 서울에서 65km 떨어진 곳이었다. 밤새 굴 속의 습기가 햇볕을 받아 증발하면서 김이 새어 나왔던 것이다. 땅 위로 침투하면 들킬 위험이 있으니 땅속으로 몰래 쳐들어 오려는 속셈이었다.

땅굴이 발견되자 국민들은 가슴을 쓸어내렸다. 만약 땅굴이 발견되지 않았다면 서울은 순식간에 북한군에 점령당했을 것이다. 그 후에 땅굴이 2개나 더 발견되어 국민들이 분노했다.

땅굴이 발견되기 2년 전인 1972년에 남북한은 7·4공동성명을 체결했다. '남북은 같은 민족끼리 단결해야 한다'는 원칙 아래 '서로 무력도발을 하지 않으며 남북 적십자 회담을 열어 인도적인 문제를 협의한다'는 내용이었다. 적으로만 알았던 북한과 앞으로 친하게 지내고, 남북이 서로 오갈 수 있을 거라는 기대에 차 있었다. 하지만 북한은 겉으로는 평화를 내세우면서 우리를 속이고 땅굴을 팠던 것이다. 북한은 바다로 무장 간첩선을 내려 보내 위협하는 행동도 계속했다.

　북한이 갖은 방법을 동원하여 침략하려는 야욕을 보이니 어떻게 해서든 우리가 더 강해지는 수밖에 없었다.

　1975년에 박 대통령이 정주영 사장을 불렀다.

　"탱크를 만드시오. 일단 미제 전차를 우리 식으로 바꾸고 성능을 끌어 올리시오."

　"네, 알겠습니다."

　박 대통령에게는 거절해 봐야 소용이 없다는 걸 잘 아는 정 사장은 무조건 크게 대답했다. 이듬해 정 사장은 창원에 탱크와 기관차 만드는 공장을 세웠다. 하지만 탱크 만드는 법을 알 길이 없었다.

　"가장 빠른 방법은 탱크 기술자를 찾는 거야. 세계를 뒤져서라도 당장 찾아 봐."

　정주영 사장의 명령에 현대의 직원들은 여기저기 연락하느라 바빴다. 드디어 브리닌 스툴이라는 탱크 전문가가 은퇴하고 집에서 쉬고 있다는 걸 알아 냈다. 당장 직원이 미국으로 날아갔다.

　"한국에 와서 탱크를 만들어 주십시오."

스툴은 고개를 강하게 저었다.

"남의 나라 탱크 만드는 데 도움을 줄 수 없소. 그건 중요한 기술입니다. 나는 은퇴했으니 다른 데 가서 알아보시오."

"그렇게 귀한 기술을 혼자만 안다는 건 너무 아까운 일입니다. 북한이 우리나라를 호시탐탐 노리고 있어요. 6·25전쟁 때 미국의 젊은이들이 우리나라를 위해 피 흘려 싸웠습니다. 그 피가 헛되지 않도록 한 번만 도와주십시오."

몇 번이나 찾아가서 간곡히 부탁했다. 계속 거절하던 스툴이 드디어 허락을 했다. 한국에 와서 호텔 특실에 짐을 풀 때였다.

"엔진 설계도는 절대로 보여 줄 수 없어요. 3중 금고를 마련해 주세요. 거기에 설계도를 넣어 놔야겠어요. 그리고 열쇠는 내가 갖고 있겠습니다."

그의 요구에 따라 3중 금고를 호텔 특실에 갖다 놓았다. 그는 남이 있으면 절대 금고를 열지 않았다. 하지만 차츰 사람들과 친해지면서 누가 있을 때도 설계도를 꺼내 놓고 연구했다. 그때 우리 기술진들이 옆에서 도와주다가 눈으로 설계도를 외웠다. 머리 좋고 손재주가 뛰어난 우리 기술진들이 금방 탱크 만드는 법을 알아 냈다.

뿐만 아니었다. 1978년 9월 26일 서해안 한 바닷가에서 미사일 발사 시험이 있었다. 국산 미사일의 이름은 '백곰'이었다. 결과는 대성공, 모두들 박수를 치며 좋아했다. 세계 7번째 미사일 보유국이 된 날이었다.

"대한민국이 너무 무섭게 크는걸. 제철소도 만들고 무기까지 만들다니. 자동차에다 전자 제품, 못하는 게 없잖아. 만만하게 볼 나라가 아니야."

강대국들이 바짝 긴장하여 한국을 지켜보기 시작했다.

대부분의 무기는 우리 힘으로 직접 만들었지만 한 가지가 없었다. 강대국들이 갖고 있는 핵무기였다. 박 대통령은 드디어 핵무기를 만들기로 결심했다.

"우리 같이 작은 나라는 고슴도치가 되어야 한다. 온몸을 바늘로 둘러싸서 사자나 코끼리 같은 큰 동물들이 함부로 깔보거나 짓밟지 못하게 해야 해."

박 대통령의 말에 각료들은 모두 각오를 다졌다. 하지만 이미 핵무기를 갖고 있는 강대국들이 반대하고 나섰다. 핵을 가진 나라가 많아지면 세계가 핵 전쟁에 빠져들까 봐 더 이상 핵 개발을 못하게 막았다. 미국은 원하는 것을 들어줄 테니 핵을 만들지 말라고 요구했다.

"주한미군을 철수시키지 않겠다는 약속을 하시오."

박 대통령의 요구에 미국은 그렇게 하겠다고 약속했다.

"한국이 원한다면 계속 주둔시키겠소. 한국이 적의 공격을 받을 때는 모든 무기를 동원하여 한국의 안전을 지켜주겠소."

우리나라는 수출을 통해 외화를 벌어들이는 나라이므로 강대국의 요구를 들어줄 수밖에 없었다. 그래서 우리의 독자적인 핵

개발은 거기서 멈췄다. 지금 북한은 자신들이 핵무기를 만들었다면서 위협하고 있다. 그래서 많은 사람들이 우리가 먼저 만들지 못한 것을 아쉬워한다.

박정희 대통령 시절에는 해마다 10월 1일 국군의 날에는 육·해·공군과 해병대가 시가행진을 했다. 각 군이 가진 무기와 함께 행진을 하고, 하늘에서는 공군 전투기들이 멋진 곡예를 펼쳤다. 시민들은 씩씩한 군인들의 모습에 박수를 쳤다.

박정희 대통령이 1979년 국군의 날에 쓴 일기에는 기쁜 마음이 가득했다.

'국군의 날, 건군 30주년을 맞이하게 되다. 오전 10시, 여의도 5·16광장에서 국군의 날 행사가 거행되었다. 오늘의 행사에 동원된 장비 중 70, 80% 이상이 우리 국산 장비라는 것을 확인할 수 있었다. 우리 역사상 이처럼 막강한 국군을 가져 본 것은 처음이리라. 장병들이시여, 더욱 분발하여 조국을 빛내도록 하자. 국군 장병들에게 신의 가호가 있으라.'

박정희 대통령 시대에 우리나라 무기가 국산화되고 눈부시게 발전했다.

중화학공업 육성정책의 효과가 나타나면서 우리나라 경제는 빠르게 성장했다. 수출 상품의 구조가 바뀌었다. 기계, 선박, 철강 등 중화학 공업 제품들이 수출품의 40, 50% 선까지 상승했다. 박정희 대통령이 심혈을 기울인 자립 경제와 자주 국방의 핵심이 바로 중화학공업이다. 외국의 학자들은 우리나라 중화학공업의 업적을 이렇게 평했다.

"대한민국은 소득이 낮고 일자리가 없는 농업 국가였다. 이제 세계적 수준의 기업군을 거느린 공업 국가로 변모했다."

1977년 11월 30일 수출의 날, 드디어 100억 달러 수출과 국민소득 1000달러를 달성했다. 예상보다 4년 앞당겨 이룩한 것이다. 박 대통령은 큰 소리로 외쳤다.

"국민 여러분, 오늘은 우리 민족의 역사에 영원히 기록될 날입니다. 누가 우리를 못 사는 민족이라고 했습니까?"

박 대통령이 연설할 때 사람들이 감격하여 눈물을 흘렸다. 거리마다 '수출 100억 달러 달성' 현수막이 나부끼고 아치가 세워졌다. 박정희 대통령의 강력한 리더십 아래 전 국민이 노력해서 이룩한 결과였다.

1964년에 1억 달러 수출 목표를 달성한 국가는 한국을 비롯해 아이슬란드, 과테말라, 코스타리카, 튀니지 등 모두 12개국이었다. 후일 이들 12개국 중에서 100억 달러 고지를 넘은 나라는 한국뿐이다. 나머지 11개국은 100억 달러 고지를 넘지 못해 모두 중진국 대열 진입에 실패했다.

  수출 10억 달러에서 100억 달러를 달성하는 데 서독은 11년, 일본은 16년이 걸렸다. 우리나라는 불과 7년 만에 달성했다. 박정희 대통령은 국민소득 82달러를 1천640달러로 20배 넘게 성장시켰다.

박정희 대통령 서거

1978년에 박정희 대통령은 8대 대통령직을 마쳤다. 통일주체국민회의 의원들의 선거에 의해 다시 제9대 대통령에 취임했다. 수출 100억 달러를 달성하자 10월 유신에 대해 좋은 평가를 내리는 사람들이 있었다.

"중화학공업 육성을 하기 위해서 필요한 조치였다. 박 대통령은 조국을 더욱 발전시키고 싶은 마음이 컸던 것 같다. 박 대통령은 '중단 없는 전진'을 하고 싶었던 게 분명하다."

하지만 대통령을 직접 뽑지 못하는 것을 싫어하는 국민도 있었다. 유신헌법에 반발하는 국민들의 저항이 갈수록 심해졌다. 야당 정치인들은 유신헌법 때문에 자신들이 정권 잡을 기회가 없다며 크게 반발했다. 대학생들은 민주주의를 실현해야 한다며 거리로 나와 시위를 했다.

박 대통령은 비서실장에게 9대 대통령 임기가 끝나면 물러나야겠다고 입버릇처럼 말하곤 했다. 1984년이 되면 계획했던 경제개발이 마무리 될 거라고 예측했다.

그러나 1979년 10월 26일, 박정희 대통령이 부하의 총탄에 맞아 서거하고 말았다. 박 대통령은 육영수 여사가 세상을 떠난 후 저녁에 부하들과 자주 술을 마셨다. 당시의 경호실장과 중앙정보부장은 평소 사이가 좋지 않았다. 술자리에서 화가 치민 중앙정보부장이 총으로 경호실장을 쏜 뒤 박 대통령까지 쏘았던 것이다. 박 대통령의 나이 62세였다.

  수도국군병원에 실려 왔을 때 당직 군의관은 총 맞은 사람이 대통령인 줄 몰랐다. 허름한 손목시계와 도금이 벗겨진 넥타이핀, 그리고 다 낡은 혁대를 차고 있었기 때문이다. 나중에야 그가 바로 박 대통령이라는 사실을 안 의사들은 그 검소함에 경의를 표했다.

  국장으로 치러진 영결식 당일, 중앙청에서 동작동 국립묘지에 이르는 도로변이 사람들로 발 디딜 틈 없이 꽉 메워졌다. 전국에서 몰려온 200만여 명의 조문객들이 박 대통령을 부르며 목 놓아 울었다.

  '대통령 박정희'에 대한 평가는 다양하다.
  "우리나라를 발전시킨 박 대통령에게 박수를 보내야 한다."
  "전쟁 끝나고 혼란스럽던 나라를 부강하게 만든 위대한 대통령이다."

"경제 발전이 좀 늦더라도 민주적으로 나가는 게 좋았을 것이다."

"반대자의 인권을 탄압한 독재자다."

대체로 경제 발전에 대한 평가는 높은 편이나 독재정치에 대해서는 평가가 낮다.

세계가 관심을 가진 새마을운동

박정희 대통령 시절에 경제가 크게 발전한 비결은 무엇일까? 한 나라가 성장하기 위해서는 국민들의 마음이 하나가 되어야 한다. 박 대통령 시절 국민을 한 마음으로 만든 것은 '새마을운동'이었다.

경부고속도로 전 구간이 개통된 후 아침은 서울에서 먹고 점심은 부산에서 먹게 되었다. 하지만 농촌은 80%가 초가 지붕이

었다. 전기가 들어오는 집은 20%에 불과하고 나머지는 호롱불이었다. 수도가 없어서 마을에 한두 개 있는 우물에서 물을 길어다 먹었다. 농촌에서 자란 박 대통령은 시골 사람들도 편하게 살면 좋겠다고 생각했다.

　박 대통령은 전국 지방 장관 회의에서 '살기 좋은 농촌 만들기 방안'을 연구하라고 지시했다. 이를 계기로 1970년부터 새마을운동이 시작됐다. 새마을정신은 박 대통령이 늘 부르짖은 '근면, 자조, 협동'으로 정했다. 박 대통령은 새마을 노래를 직접 작사 작곡했다. 가사를 잘 읽어 보면 새마을운동이 어떤 것인지 금방 알 수 있다.

1. 새벽종이 울렸네 새아침이 밝았네
   너도 나도 일어나 새마을을 가꾸세
2. 초가집도 없애고 마을 길도 넓히고
   푸른 동산 만들어 알뜰살뜰 다듬세
3. 서로서로 도와서 땀 흘려서 일하고
   소득 증대 힘써서 부자 마을 만드세
4. 우리 모두 굳세게 싸우면서 일하고
   일하면서 싸워서 새 조국을 만드세.
(후렴) 살기 좋은 내 마을 우리 힘으로 만드세

1970년에 시멘트 회사마다 시멘트가 가득 쌓여 있었다. 너무 많이 생산해서 팔 데가 없었기 때문이다. 박 대통령은 시멘트를 전국 마을에 무료로 나눠 주라고 지시했다. 마을 진입로 넓히기,

작은 다리 놓기, 우물 고치기, 공동 목욕탕 짓기, 작은 하천의 둑 고치기, 공동 빨래터 만들기 같은 마을 공동 사업에 사용하도록 했다.

제1차로 새마을 가꾸기 사업을 한 결과 3만 5천 개 마을 중에서 1만 6천 개 마을만 좋은 성과를 올렸다.

"2차에는 좋은 성과를 올린 마을에만 시멘트와 철근을 나눠 주시오."

"안됩니다. 못 받은 부락민들이 다음 선거 때 우리 공화당에 표를 찍지 않을 겁니다."

박 대통령의 지시에 내무부와 공화당이 반대를 했다.

"노력하는 마을에만 시멘트를 지급하시오. 그게 새마을 정신이오."

박 대통령의 지시에 할 수 없이 성과가 좋은 마을에만 시멘트를 나눠 주었다. 불만이 폭발할 줄 알았으나 반대였다. 다음에 또 지원 받기 위해 모두 협동해서 열심히 일했다. 그렇게 하여 새마을운동이 전국으로 퍼져 나갔다.

새마을운동은 마을을 깨끗하고 편리하게 바꾸었다. 모든 마을에 자동차가 들어갈 수 있는 길이 뚫렸다. 전국 어디에나 전기가 보급되었다. 초가 지붕은 모두 사라지고 대신 기와와 슬레이트로 바뀌었다. 모든 농가에 수도가 설치되었다. 마을마다 전화가 연결되었으며, 마을 하천의 둑을 안전하게 쌓았다. 마을 회관은 회의장과 공동 구매장, 탁아 시설로 활용되었다.

통일벼를 심어 이전보다 쌀 생산이 30%나 늘어났다. 드디어 집집마다 쌀이 먹고 남을 만큼 쌓였다. 이제 학교에 도시락을 못 싸 가는 아이가 없었다.

농민들은 비닐하우스를 설치하고 채소를 재배하여 소득을 더 많이 올렸다. 벌꿀 재배, 과일 생산, 버섯 재배, 바다 생선 양식, 가축 기르기도 열심히 했다. 1970년에는 농민 1인당 농가 소득이 137달러였으나 1978년에는 약 700달러였다. 8년 동안 5배 이상 늘어났다. 새마을운동의 가장 큰 성과는 농민들이 자신감을 갖고 자발적으로 나서게 된 일이다.

새마을운동은 외국으로 퍼져 나갔다. 30년 동안 160개국이 우리나라 새마을운동을 배워 갔다. 유엔개발계획UNDP에서는 새마을운동을 농촌개발 및 빈곤 퇴치 모범 사례로 평가했다. 새마을운동은 지금도 중국을 비롯한 13개국에서 전개하고 있다. 미국의 오바마 대통령은 아버지의 고향인 아프리카 케냐를 방문해 이렇게 강조했다.

"가난을 벗어나려면 한국의 새마을운동을 표본으로 삼아야 합니다."

'새마을운동'은 영국의 브리태니커 백과사전에 고유어로 실려 있다. 1996년 프랑스 대입 논술 문제에 새마을운동이 출제되기도 했다.

농촌에서 시작된 새마을운동은 공장과 도시로 서서히 퍼져 나갔다. 도시에서도 주거 환경 깨끗이 하기, 질서 지키기, 이웃과 알고 지내기, 부모님과 노인 섬기기 등 활동을 했다.

민둥산을 울창한 숲으로

"정말 부럽구먼. 우리나라 산은 언제 울창해질까."

박정희 대통령은 해외에 나갈 때마다 나무가 우거진 숲을 보면서 감탄했다. 나무는 국민들의 소중한 재산이다. 일제 강점기에 일본은 우리나라의 원시림을 많이 베어 냈다. 그런데다 6·25 전쟁 때 얼마 남지 않은 나무마저 다 불타 버렸다.

가난한 시절이라 사람들이 나무를 땔감으로 사용하는 것도 문제였다.

　1961년에는 우리나라 산의 절반 이상이 나무가 없는 민둥산이었다. 댐도 몇 개 되지 않았다. 비가 조금만 많이 오면 물이 넘치고 산이 무너졌다. 비가 약간만 적게 와도 논이 쩍쩍 갈라졌다. 이 모든 것이 나무가 없는 탓이었다.

　박정희 대통령은 한해도 빠짐없이 식목일 행사에 참석해 나무를 심었다. 4월 5일이면 초등학생들도 산에 가서 나무를 심었다. 우선 아까시나무와 이태리포플러 심기 운동을 전개했다. 수명이 30~40년인 아까시나무가 서서히 죽으면서 거름 역할을 했고, 다른 활엽수들이 자라나 오늘날처럼 아름답고 울창한 숲이 조성되었다. 또 홍수 때 흙이나 돌이 쏟아지지 않도록 사방공사를 했다.

　박 대통령은 지리산을 비롯해 13군데를 국립공원으로 지정했다. 14군데 도시 주변의 숲과 녹지대는 '그린벨트'를 지정해 보존했다. 국립공원과 그린벨트는 함부로 개발하지 못하게 했다. 그런 제도가 일찍 도입되어 자연환경을 보존하고 아름다운 숲을 지키게 되었다.

1982년에 유엔 산하 식량농업기구FAO는 '한국은 제2차 세계대전 이후 산림녹화에 성공한 유일한 개발도상국'이라고 극찬했다. 동남아의 여러 국가에서 한국의 성공적인 산림녹화 사례를 공부하러 왔다. 모두들 이런 얘기를 했다.

"경제가 어려울 때도 나무 심기를 했다니, 놀랍군."

나무를 가꾸는 데는 오랜 시간이 걸린다. 온 국민이 초창기부터 꾸준히 노력했기 때문에 금수강산을 되찾을 수 있었다.

2001년 4월 5일 56회 식목일은 박 대통령 서거 후 22번째 행사였다. 이날 산림청은 산림녹화 공적을 인정하여 '숲의 명예전당'에 박정희 대통령을 모셨다.

이밖에도 박 대통령은 문화재 보호와 우리 민족의 문화를 보존하고 계승하는 데도 힘을 썼다. 박 대통령은 특별히 "일본이 우리를 침략한 역사의 교훈을 절대 잊으면 안 된다."고 강조했다. 이순신 장군의 유적을 모신 현충사와 윤봉길 의사 유적지, 3·1운동 유적 등 항일 독립운동 유적 현장을 보수하여 보존했다. 위대한 업적을 남긴 사상가의 유적도 정비했다. 경주 문화 유적을 정리하고, 고속도로를 만들 때 유적이 나오면 먼저 발굴하여 조사한 다음에 공사를 하라고 했다.

1970년대 초반에 박 대통령은 전국의 모든 문화유산을 조사하라고 지시했다. 그 자료를 토대로 문화재 관리 행정의 체계를 잡았다.

대통령보다 월급이 많은 과학자

우리나라 경제는 든든한 과학기술의 바탕 위에서 발전했다.

"과학기술의 발전 없이는 경제가 발전할 수 없어."

일찍이 만주와 일본, 미국을 돌아본 박정희 대통령이 늘 강조한 말이다.

1962년은 제1차 경제개발 5개년 계획이 실시된 해였다.

"기술 부문의 준비 사항은 어떻게 되고 있소?"

박정희 의장의 질문에 아무도 대답을 못했다. 박 의장은 곧바로 과학기술 진흥 5개년 계획을 세우라고 지시했다. 이는 개발도상국 국가들 중에 처음 있는 일이다.

1965년에 좋은 기회가 왔다. 린든 존슨 미국 대통령이 박 대통령에게 질문했다.

"한국의 베트남전쟁 참전을 고맙게 생각합니다. 미국에 도움을 주었으니 선물을 하고 싶습니다. 필요한 게 있으면 말씀하십시오."

당시 우리나라에는 연구소가 단 하나도 없었다. 기껏해야 국립공업시험원이 있었을 뿐이다.

"감사합니다. 종합 연구소를 하나 만들어 주십시오."

존슨 대통령은 고개를 갸우뚱거렸다. 박 대통령이 돈을 빌리러 여러 나라를 방문한 걸 알고 있었기 때문이다. 원조 요청이 아닌 연구소를 만들어 달라는 말에 존슨 대통령은 이해할 수 없다는 표정을 지었다.

이렇게 해서 최초의 연구소인 한국과학기술연구원KIST을 세웠다. 박 대통령은 1966년 이 연구원의 행사에 참석하여 진지하게 말했다.

"요즘 우리 사회에서는 근대화라는 단어를 자주 사용합니다. 참다운 근대화는 과학기술이 우선되어야 합니다."

1967년 4월 21일, 개발도상국으로서는 처음으로 과학기술처를 발족했다. 1년 뒤 이 날을 '과학의 날'로 제정했다. 곧이어 '전 국민의 과학화 운동'이 전개되었다. 대전의 대덕연구단지 건설도 추진되었다.

당시에는 국내에 과학자가 없었다. 미국으로 유학 간 사람들이 공부를 마친 뒤 미국 연구소에서 일했다. 조국으로 돌아와도 일할 데가 없었기 때문이다.

"해외 과학 기술자들을 초청하시오. 최고급 아파트를 지어서 그 분들한테 주고, 월급도 나보다 더 많이 주시오."

대통령보다 월급을 많이 주라는 지시에 장관은 깜짝 놀랐다. 관료들은 해외에서 일하고 있는 과학자들에게 연락했다.

"우리나라 과학 발전을 위해 일해 주세요. 대통령께서 최고의 대우를 해 주라고 하셨습니다. 아파트도 지었고, 연구소도 세웠습니다."

관료들의 전화를 받은 과학자들은 망설이지 않고 귀국했다. 아무리 한국에서 월급을 많이 준다고 해도 미국 연구소에서 받는 월급보다 적었다. 하지만 조국의 과학 발전을 위해 결단을 내렸던 것이다.

"한국 과학자들은 이상해. 왜 부자 나라에서 편하게 살지 않고 가난한 본국으로 돌아갈까?"

미국에 있는 다른 나라 과학자들은 고개를 갸우뚱거렸다. 하지만 고국으로 돌아가는 한국 과학자가 점점 늘어났다. 1968년부터 1978년 사이에 해외에서 410명의 과학자가 고국으로 돌아왔다.

귀국한 과학자들은 훌륭한 연구 결과를 잇따라 발표하여 우리나라의 과학과 경제 발전에 크게 기여했다. 연구소 박사들이 점차 산업계로 옮겨 갔다. 우리나라 큰 회사에 좋은 과학자들이 들어가면서 산업이 더욱 발전했다.

미국 험프리 부통령이 한국을 방문했을 때 감탄을 쏟아 냈다.

"연구 환경이 좋은 미국에는 여러 국가의 과학자들이 있어요. 좋은 대우를 마다하고 조국으로 돌아가 봉사하겠다는 과학자는 한국이 유일합니다. 한국 과학자들의 애국심을 높이 평가합니다."

박 대통령은 과학기술처 장관을 함부로 바꾸지 않았다. 과학기술 정책을 일관성 있게 추진할 수 있도록 하기 위해서였다. 최형섭 장관은 1971년부터 7년 동안 과학기술처 장관을 지냈다. 이는 최장수 장관 기록이다.

스테판 데디에라는 과학 정책 연구가는 한국의 과학 발전에 대해 이런 평가를 내렸다.

"개발도상국에서는 과학기술 발전을 이룩하기 힘들다. 국가 원수가 선두에 서서 적극적으로 지원해야 가능하다. 한국은 훌륭한 대통령이 있었기에 과학 발전이 이루어진 것이다."

현재 우리나라 과학기술은 선진국과 어깨를 나란히 하게 되었다. 전자, 조선, 자동차, 석유화학 등 전통적 산업뿐만 아니라 생명공학과 의학 등 신성장 산업 분야에서도 최고의 기술을 갖고 있다.

과학자들은 '우리나라 역사 속의 4대 과학기술'을 제정했다.

'1. 한글의 창제

2. 조선의 개항

3. 원자력의 도입

4. 과학기술 진흥 5개년 계획 수립'

과학자들은 과학기술 진흥 5개년 계획을 수립한 박정희 대통령을 '과학 대통령'이라고 부른다. 과학자들은 과학 대통령을 기리기 위해 '박정희과학기술기념관'을 건립하고 있다.

원칙을 지켜 꿈을 이루었다

박정희 대통령이 많은 일을 할 수 있었던 것은 뛰어난 실력 덕택이다. 집권 초기부터 치밀한 계획을 세워 일을 진행했다. 1961년부터 경제개발, 산림녹화, 과학 발전을 차근차근 실천에 옮겼다.

박정희 대통령은 적절한 사람을 딱 맞는 자리에 배치했다. 자신과 잘 아는 사람이라고 해서 좋은 자리에 앉히지 않았다. 나라를 발전시키겠다는 강력한 의지와 실력이 있는 인물에게 일을 시켰다.

박 대통령은 부하를 믿고 일을 맡겼다. 장관에게 함께 일할 직원을 직접 선택할 권한을 주었다. 대신 문제가 생기면 장관과 차관이 같이 책임지도록 했다. 장관에게 일을 나눠 주고 대통령은 중요한 것만 집중적으로 챙겼다. 한 번 장관을 뽑으면 금방 바꾸지 않았다. 그래서 장관이 장기 계획을 세워 좋은 실적을 냈다.

박 대통령은 주먹구구식으로 일하지 않았다. 철저하게 공부하고 계획을 세운 다음 확실한 기획서를 만들어 일을 시작했다. 열심히 공부하고 준비했기 때문에 현장에서 일하는 사람보다 더 잘 알고 있었다.

국정을 운영할 때 먼저 할 일과 나중에 할 일을 정해서 차근차근 진행했다. 한꺼번에 여러 가지 사업을 벌이기보다 한 가지를 완성한 뒤 새로운 사업을 벌였다. 국가의 힘과 예산을 집중하기 위해서였다.

일을 시작하면 철저하게 실무를 챙겼다. 책상에 앉아서 보고받지 않고 반드시 현장에 가서 확인했다. 김정렴 대통령 비서실장은 박정희 대통령을 '현장주의자'라고 했다. 박 대통령은 '명령은 5%, 확인과 감독은 95% 원칙'을 지켰다.

일을 시킨 다음에는 반드시 평가하여 잘한 사람은 상을 주고 못한 사람에게는 더 이상 일을 시키지 않았다. 박 대통령은 엄격했지만 잘하려다 실수한 부하는 감싸주었다.

　박 대통령은 새로운 것을 바로 바로 받아들였다. 전자 시대가 온다는 말을 듣고 밤늦게까지 반도체에 관한 공부를 했다. 대통령이지만 아랫사람에게 배우는 것을 부끄러워하지 않았다. 해외에서 공부하고 온 박사들에게도 배우고, 행정부서의 과장급도 직접 불러서 궁금한 것을 질문했다.

　박 대통령은 18년 재임 기간 동안 셀 수도 없을 만큼 많은 지시를 내렸다. 충남 대전의 정부기록보관소에 있는 박정희 대통령의 지시서를 보면 단 한 번도 '개혁' 이라는 단어가 나오지 않는다. 말은 적게 하고 행동을 크게 한 통치 원리라고 할 수 있다. 그런 말을 쓰지 않고도 역사상 큰 개혁과 진보를 이룩했다

　가난한 어린 시절을 보낸 박정희 대통령은 평생 물건을 아껴썼다. 청와대에서도 절약에 힘썼다. 1973년에 원유 가격이 엄청나게 올랐을 때, 외국에서 기름을 수입하는 우리나라에 비상이 걸렸다. 박정희 대통령이 김정렴 비서실장을 불렀다.

"나도 오늘부터 기름 아끼는 방법을 실천해야겠소. 우선 변기 속에 벽돌을 한 장 넣어야겠소. 그러면 물이 절약되니 기름도 적게 쓰겠지."

박 대통령은 그때부터 세상을 떠날 때까지 청와대 변기 속에 든 벽돌을 꺼내지 않았다. 이발을 할 때면 육영수 여사에게 머리 감을 물을 연탄불에 데워 가져 오라고 했다. 여름에도 선풍기나 에어컨을 틀지 않고 창문을 열어 놓았다.

엄청나게 더운 날, 비서관에게 공기 순환만 시키라고 했는데 잘못해서 에어컨을 가동한 적이 있었다. 저녁 식사를 하던 박 대통령이 근혜에게 말했다.

"에어컨을 틀었군. 갑자기 시원해지는데 내가 모를 줄 알고. 앞으로는 절대 틀지 말라고 해."

대통령 시절에도 바지를 고쳐 입고 구두 뒤축을 수선해 신었다.

그 무렵 영화관에서 영화 상영에 앞서 보여 주던 '대한뉴스'에 자신의 얼굴이 너무 자주 나오자 이런 지시를 내렸다.

"나를 찍을 필름이 있으면 진취적인 문화영화*를 만들어 국

---

*문화영화 교육 목적이나 과학 연구를 위해 만든 영화.

민들이 다 같이 즐길 수 있도록 하시오."

박 대통령은 평소 '자식을 위해 재산을 남기지 않겠다'고 말했다. 박 대통령은 친척들이 절대 청와대를 들락거리지 못하게 했다. 심지어는 가까운 집안 어른이 엉뚱한 꾐에 빠질까 봐 그 집 앞에 경찰관을 보내 보초를 세울 정도였다.

우리나라 대통령들은 부패 사건과 관련이 많다. 대통령 자신이나 가족들이 법정에 섰다. 하지만 박 대통령은 부패 문제와는 거리가 멀었다. 박 대통령은 군대에 있을 때부터 청렴했기 때문에 5·16 혁명에 성공했다. 대통령이 되기 전이나 되고 난 후에도 언제나 검소하게 살았다. 개인적인 욕심을 버리고 국가를 위해 헌신했다.

박정희 대통령은 함께 일하는 모든 직원들에게도 깨끗하게 살라고 지시했다. 어느 날 청와대 비서실 직원들에게 이런 명령을 내렸다.

"비서실 직원들은 명함을 만들지 마시오. 청와대 문양이 그려져 있는 메모지를 청와대 밖으로 가지고 나가지 마시오. 청와대 비서실은 대통령을 보좌하는 역할에 그쳐야지 행정부 위에 군림하면 안 됩니다."

어느 날 박 대통령의 사범학교 동기인 비서관이 큰 집을 지었다. 그러자 박 대통령이 그 사람을 불렀다.

"혁명할 때는 다 잘살자고 했지 혼자만 잘살려고 한 게 아니지 않은가? 당장 그만두게."

대통령의 단호한 결정을 보고 청와대 직원들은 몸가짐을 똑바로 했다.

어느 날 청와대에 근무하는 어떤 직원이 부인과 함께 해외 여행을 다녀왔다. 그러자 박 대통령이 그 사람을 해고했다. 달러를 아껴야 하는 시기에 부부가 해외에 갔다 온 것을 도저히 용납할 수 없었다.

경호원들이 분양이 잘 되지 않는 아파트를 특별 혜택 받아 구입한 적이 있었다. 박 대통령은 경호원 28명을 파면했다. 이렇게 엄격하게 관리하자 대통령 가까이에서 일하는 사람들이 부정을 저지를 수 없었다.

단호하고 무서운 박 대통령이지만 이발사를 비롯한 힘없는 직원들은 늘 따뜻하게 대해 주었다. 집안 형편을 살펴서 격려금도 주고, 만날 때마다 용기를 주었다.

우리나라 발전에 가장 큰 기여를 한 대통령을 묻는 설문 조사에서 박정희 대통령은 언제나 1등이다. 어른들은 종종 "에휴, 이럴 때 박정희 대통령이 계셨더라면……."이라며 탄식하곤 한다. 세월이 갈수록 박 대통령을 그리워하고 고마워하는 사람들이 늘어난다. 한편으로 독재정치를 했다는 이유로 여전히 박 대통령을 싫어하는 이들도 있다.

많은 사람들이 박 대통령을 좋아하는 이유는 가난하고 혼란스런 나라를 일으켜 세웠기 때문이다. 선진국이 200년 걸려 달성한 것을 박 대통령은 단 20년 만에 이룩했다. 우리나라는 가난한 농업 사회에서 대표적인 신흥 공업 국가로 변모했다.

1977년 기자 간담회에서 박 대통령이 기자들에게 이렇게 털어놓았다.

"나는 당대의 인기를 얻기 위하여 일하지 않습니다. 후세 역사가들이 어떻게 기록할 것인가를 염두에 두고 일합니다."

박 대통령은 '하면 된다'는 정신으로 국민들의 가슴에 꿈을 심어 주었다. 박정희 대통령과 열심히 달린 관료들, 잘살아 보자며 단합한 국민들이 우리나라를 이토록 눈부시게 발전시켰다.

박정희 대통령 연보

1917 • 11월 14일 경북 구미면 상모리에서 출생.

1932 • 구미보통학교 졸업.

1937 • 대구사범학교 졸업. 문경보통학교 교사로 부임.

1942 • 민주군관학교 졸업.

1944 • 일본 육군사관학교 졸업.

1946 • 조선경비사관학교 졸업.

1950 • 육영수 여사와 결혼.

1954 • 미국 육군포병학교 유학.

1957 • 육군대학 졸업.

1961 • 5·16 혁명 주도. 국가재건최고회의 의장 취임.

1962 • 제1차 경제개발 5개년 계획 추진.

1963 • 제5대 대통령 당선.

1970 • 새마을운동 추진.

1972 • 10월 유신 단행.

1974 • 육영수 여사 서거.

1977 • 수출 100억 달러 달성.

1978 • 국민소득 1,000달러 목표 달성.

1979 • 10월 26일 서거.

참고 도서

- 조갑제, 『박정희 전집』, 조갑제닷컴, 2007.
- 이경준·김의철, 『민둥산을 금수강산으로』, 기파랑, 2010.
- 홍하상, 『주식회사 대한민국 CEO 박정희』, 국일미디어, 2005.
- 조대현, 『기적을 일으킨 작은 거인』, 물너울, 2011.
- 윤종성, 『박정희 리더십 스토리』, 시아, 2010.
- 김영섭 외, 『과학 대통령 박정희와 리더십』, MSD미디어, 2010.

기파랑耆婆郎은 삼국유사에 수록된 신라시대 향가 찬기파랑가讚耆婆郎歌의 주인공입니다. 작자 충담忠談은 달과 시내의 잣나무의 은유를 통해 이상적인 화랑의 모습을 그리고 있습니다. 어두운 구름을 헤치고 나와 세상을 비추는 달의 강인함, 끝간 데 없이 뻗어나간 시냇물의 영원함, 그리고 겨울 찬서리 이겨내고 늘 푸른빛을 잃지 않는 잣나무의 불변함은 도서출판 기파랑의 정신입니다.

초판 1쇄 발행_ 2013년 1월 25일

지은이_ 이근미
펴낸이_ 안병훈

펴낸곳_ 도서출판 기파랑
등록_ 2004. 12. 27 | 제 300-2004-204호
서울시 종로구 동숭동 1-49 동숭빌딩 301호
전화_ 763-8996(편집부) 3288-0077(영업마케팅부)
팩스_ 763-8936
이메일_ info@guiparang.com
홈페이지 www.guiparang.com

ISBN_ 978-89-6523-917-8 73910